# 重要的「性」

## 给青年人的9堂性教育课

［日］村濑幸浩——著　孙子舒　王炀　夏雪——译

浙江人民出版社

## 图书在版编目（CIP）数据

重要的"性"：给青年人的9堂性教育课/（日）村濑幸浩著；孙子舒，王炀，夏雪译. — 杭州：浙江人民出版社，2024.1

ISBN 978-7-213-11108-2

Ⅰ.①重… Ⅱ.①村…②孙…③王…④夏… Ⅲ.①青少年—性教育 Ⅳ.①G479

中国国家版本馆CIP数据核字（2023）第155628号

浙江省版权局著作权合同登记章
图字：11-2021-279号

3MANNIN NO DAIGAKUSEI GA MANANDA
RENAI DE ICHIBAN TAISETSU NA "SEI" NO HANASHI
©Yukihiro Murase 2020
First published in Japan in 2020 by KADOKAWA CORPORATION, Tokyo.
Simplified Chinese translation rights arranged with KADOKAWA CORPORATION, Tokyo through BARDON-CHINESE MEDIA AGENCY.
Simplified Chinese edition published in 2023 by Zhejiang People's publishing House Co.,Ltd.

## 重要的"性"：给青年人的9堂性教育课

[日] 村濑幸浩 著 孙子舒 王 炀 夏 雪 译

出版发行：浙江人民出版社（杭州市体育场路347号 邮编：310006）
市场部电话：（0571）85061682 85176516

| | | | |
|---|---|---|---|
| 责任编辑：陈 源 | | 特约编辑：郭超敏 | |
| 营销编辑：陈雯怡 张紫懿 陈芊如 | | 责任校对：马 玉 | |
| 责任印务：幸天骄 | | 封面设计：尚燕平 | |
| 电脑制版：北京之江文化传媒有限公司 | | | |
| 印　　刷：杭州钱江彩色印务有限公司 | | | |
| 开　　本：787毫米×1092毫米 1/32 | | 印　张：6.5 | |
| 字　　数：95千字 | | 插　页：1 | |
| 版　　次：2024年1月第1版 | | 印　次：2024年1月第1次印刷 | |
| 书　　号：ISBN 978-7-213-11108-2 | | | |
| 定　　价：58.00元 | | | |

如发现印装质量问题，影响阅读，请与市场部联系调换。

# 前言

我在男校度过了初高中的六年。即便是现在,男校对于性教育好像也不太重视。但我当时上学的时候,课堂上根本不会提起任何和性有关的内容。我的性知识主要是从与朋友的闲聊和二手书店里买来的小书中得到的。回想起来实在令人叹惋。

不过,在当时的时代背景下这也属于正常现象。人们缺乏主动学习"性"或女性相关知识的意识,常常用"那件事""那个"来指代这方面的话题。

也正因如此,我年轻的时候对于性关系的建立毫无自信,和妻子经历过各种不愉快,也闹过矛盾,内心长期处于焦虑不安的状态。后来，为了摆脱这种状况，我开始努力自学性知识，并逐渐开启了面向高中生的性教育工作。

就这样，我接触了越来越丰富的性知识，包括性科学、性健康、不同人种的性、性与人际关系……随着我对这些知识的理解逐渐加深，悔不当初的情绪也与日俱增。我想，要是早点了解，说不定我就能更自信，能建立起更舒适的亲密关系，也能过得更幸福。

再后来，我当了大学的外聘讲师，开始更加用心地给同学们讲"人类和性"（即人类性学，Human Sexuality）这一话题。

不过，本书既不是我授课的课堂讲义，也不是要重现我授课的情景，而是汇集了我给学生讲授的一些重点内容，以及学生的所思所想。

希望读者们能通过阅读本书，将目光凝聚到"性和现代社会"这个点上来，同时也更好地理解当代青年学生所面对的现实情况。

不论你是高中生、大学生还是已经毕业步入社会，如果你没有交往对象，我希望你在读完本书后，能试着想象一下怎样建立亲密关系；如果你有交往对象，那请试着两个人一起读这本书，然后聊聊彼此的想法。我相信，借此契机，你们二人的亲密关系一定会更加舒适。

**村濑幸浩**

# 目录

## 01 "我们明明在谈恋爱,为什么会这样?"
—— 大家知道恋爱 DV 吗?

难以察觉的男友暴力 / 2

她们将暴力信以为爱情 / 8

有了性关系之后,一些问题就会浮出水面 / 10

知道恋爱 DV 之后,试着重新审视爱情 / 11

何为恋人?何为性行为? / 14

## 02 如何建立让双方都感到舒适的亲密关系?

从"幸不幸福"而非"迟与早"的角度看待性经历 / 22

为何性活动呈现不活跃倾向? / 25

"因为我爱他"——性行为的动机调查 / 30

爱和性的关系是怎样的? / 34

关于"性同意"这件事 / 37

## 03 一起来了解彼此的身、心和性(男性篇)

理解"男性生理" / 44

即便如此也仍旧向往"男性化"吗? / 54

射精是什么感觉? / 56

即使是当事人也不清楚的二三事 / 61

## 04 一起来了解彼此的身、心和性（女性篇）

从健康的角度看月经 / 66

缓解痛经的几种方法 / 69

渐增的月经烦恼 / 72

希望所有人都能了解的女性生理知识 / 74

## 05 若双方并不享受，就算不上是一场性爱

将思想汇聚成语言，互相倾诉 / 80

如何看待性带来的快乐 / 81

身体的（肉体的、生理的）快感和内心的（精神的、心理的）快感 / 82

何为内心的快感、快乐 / 84

心灵相通，离不开将思想变成语言的能力 / 86

摆脱成见和固有观念 / 89

性是一个复杂的问题 / 99

重新审视自己的性观念 / 106

作为明天活下去的动力 / 109

迈向成熟男性的自我革新 / 113

# 06 潜伏在你身边的危机
## —— 衣原体、艾滋、梅毒和HPV

惊人的衣原体感染率 / 119

共生的疾病——艾滋病 / 122

你了解梅毒吗？ / 128

人乳头瘤病毒（HPV）与宫颈癌 / 130

## 07 怀孕、生子以及抚养孩子

当面临怀孕这一事实时 / 135

堕胎——悲哀的选择，尽量不要做 / 138

女性可以根据自己的意愿避孕 / 147

避孕药有哪些作用 / 150

采取适合自己的避孕手段 / 152

## 08 各种各样的"性"和"生活"

生活中存在巨大的烦恼——性别认同障碍 / 156

性别具有多样性——我们都是多样性中的

一部分 / 158

从传统观念的束缚中解放出来吧 / 161

# 09 结婚到底意味着什么?

爱情和婚姻是一脉相承的吗? / 166

你和他/她是恋爱型,还是结婚型? / 169

先了解一下"婚姻" / 171

婚姻的纽带、夫妻间的羁绊是什么? / 176

坚定而灵活的策略 / 178

"共生是不同文化的相遇与融合" / 179

在摸索中迈向幸福 / 186

**后 记** / 189

# 01

『我们明明在谈恋爱,为什么会这样?』
——大家知道恋爱DV吗?

## ▍难以察觉的男友暴力

大家应该都听说过DV这个词,那么,大家知道"恋爱DV"的含义吗?

DV原本是Domestic Violence的首字母缩写,直译就是"家庭内暴力"的意思。然而在日本,"家庭内暴力"这个词的定义比较广,囊括各种家庭成员之间的暴力行为。因此,如果按照字面意思,把配偶(包括事实婚姻双方)的施暴称为"家庭内暴力"的话,就会引起误解。所以在本书里,我们不把DV翻译出来,而是直接用DV来表述亲密关系内的暴力。

此外,本书所讨论的施暴不是指来自"配偶"的施暴,而是指来自"交往对象"的。双方未婚,也未订有婚约,所以DV的D就不是指"Domestic",而是指代约会"Date"的首字母。若仅仅写作DV的话,就很难区别出二者,所以在本书中我称其为"恋爱DV"。

开篇有些冗长,这是为了方便大家理解这些术语的含义。实际上,DV这个概念也是相对近期才为大众所熟悉。因为,一直以来,来自配偶的暴力常常被定义为"两口子吵架",人们很少会认真对待这个问题。而家暴实际上包含了拳打脚踢、扯头发、殴打至骨折,当然也包括辱骂、谩骂、性胁迫等除了杀人以外的所有暴行。这些对他人实施无疑是犯罪的行为,为何当对象是妻子时,就不构成犯罪呢?这种显而易见的疑问竟然直到2001年才被正式提出并立法解决。

那么,若双方不是配偶关系的情况,又该如何定论呢?日语中,除了有"两口子吵架"这种说法,还有一种说法叫作"因争风吃醋而吵架"。词典对这个词组的释义是这样的:存在肉体关系的男女由于爱情问题引发的争吵。"肉体关系"一词,让人不禁打个激灵。也就是说,"因争风吃醋而吵架"指的是性关系成立后，会发生的身体、精神、性等方面的暴力[1]。

我一直在给大学生上性教育课程，讲理想的亲密关系。在意识到这种"肉体关系"可能会存在"暴力和支配"后，便有意识地把它融入课程内容里。

以下是一些女同学们的课后报告：

---

了解到"恋爱DV"这个概念之后，我想起了两年前的事。当时的男朋友几乎每3分钟打一次电话来干涉我的生活。那时候我刚入学，他告诉我不要加社团，不要做兼职，不要和其他男生说话，等等。一开始，我觉得他是在为我着想，但后面情况越来越严重，我开始害怕了。我实在受不了，提出了分手，他却更加纠缠我。虽然这不是直接的暴力，但我觉得这属于一种精神控制。

---

[1] 除此之外还包括：要钱、借钱不还等金钱暴力；删除联系方式、扩散隐私照片等社会性暴力。

———

　　我发现原来自己也被男朋友施暴了。他常常狠狠抓住我的胳膊，或掐或拧，还有一些性暴力行为，并且从来没有道过歉。我们已经谈了快两年了，正常交流的时候彼此都非常开心，但我决定暂时还是不见面了。我现在才知道还有人和我一样因为这样的事而苦恼，希望更多人意识到这类问题。

———

　　我和前男友分手的原因是性胁迫。他常常不管我的反对，强行与我发生性关系。一次就算了，在发生了好几次这样的事之后，我生气地吼他、反抗他，他却问我："为什么这样？"我想，他不是个傻子吧？女朋友在你眼前表现得这么厌恶，还能问出来这样的话？分手之后他还纠缠了我一年，常常暗中蹲守，打骚扰电话，跟踪我。

———

　　我是第一次听到"恋爱DV"这个概念，虽说之前一直没察觉到，但是现在想来感觉自己好像也是"恋爱DV"的受害者。我和男友正在交往中，但是并没有感受到我们的关系是平等的。他虽没有对我进行肉体暴力，却有精神暴力和言语暴力。每次见面，他都会说"减减肥吧"，总是对我的身体指指点点。我现在一想到我的身材就感觉很痛苦。此外，在与我发生性关系时，他也不采取避孕措施。之前我没意识到这就是恋爱DV，现在我明白了，以后对这种情况我可以生气。我之前错以为男朋友的强势主导很男人，觉得有他带着我很安心，但以后我会警惕类似的想法了。

———

以前说起暴力，我往往容易联想到肉体方面。但是现在我知道了暴力还包括精神暴力、性暴力，等等。没想到我身边竟然也存在着暴力。这么想来，我不禁想哭。因为我发现我和之前交往过的男朋友发生的事，原来可以称得上是暴力。当时我们都很忙，见面机会比较少，但每次在他的房间见面，都会发生我比较抗拒的性行为。我开始渐渐不知道到底为了什么见面，为了什么谈恋爱了，甚至想着，我只是他发泄性欲的工具吧？希望他也能来上一上老师的课。

———

听到DV这个概念，我想起了我的前男友。在恋爱的时候，他经常会对我或戳或拍或踢。我兼职回来晚的话，他马上就会生气。和他交往之后，仅仅看见男人扬起手，我就会吓得不自觉紧闭双眼。现在常常想，到底为什么会跟他交往好几年呢？但当时想着只能忍耐，没有意识到那是暴力。他是病态的，我也是。

看到这些，大家肯定会有很多想说的，比如："啊？还有这样的事？""这种事我也有所耳闻。""我有过类似经历。"但同样大家肯定会想问："为什么事已至此，还继续交往呢？"

在我看来，男性主动、女性被动并不是一种平等的关系。我在本书中会反复提及这个问题。我认为这个问题的根本原因就在于人们没有机会学习正确的观念——在各种社会关系中，特别是性关系中，男女本该平等。可以说不论男女，都没有以平等为前提去建立恋爱关系的意识。即使学习过书面知识，但在社会中、在原生家庭中，几乎见不到正面示范，倒不如说反面教材更多；特别是强调男性在性行为中的支配性和攻击性的内容更多。在这种耳濡目染的环境中，不仅是男性意识，还有受到男性影响的女性意识里也刻下

"原来性就是这样"的刻板印象。这一点从女生的课后报告中就可以感受得到。

## 她们将暴力信以为爱情

对于前文中展示的那些报告,我并未要求学生把自己的经历写下来,而是要求学生把自己对当天课程内容的感想和见解写下来,这也能一举两得确认学生的出席情况。即便没有要求,仍有学生在报告中怀着悲痛和愤怒写下和前男友的旧事。能写出来,一定程度上意味着能够客观看待旧事,毕竟,如果还沉浸在往事的旋涡中的话,大抵没心情写出来吧?这么一想,实际情况可能更加严重,或许这类情况相当普遍。本章的标题是"我们明明在谈恋爱,为什么会这样?",但实际上,也可以理解为"我们这样,真的能叫谈恋爱吗?"。

说起来,我在读学生的报告时,意识到一些事:

- 听课之前,她们并不认为自己遭遇的是暴力。

- 她们认为对方是因为爱自己才这么做的（和别人说起时，别人是这么告诉她们的）。

- 当自己再也忍不了，哭泣或发火的时候，男朋友会道歉并保证再也不会这样，于是她们觉得（或者说服自己觉得）男朋友实际并不坏。

- 男朋友离开了自己，觉得一个人活不下去（男朋友也这么说过），就只能忍耐。

当然，并非所有人都是这样，我只是总结了大部分人故事里重复出现的特征。不过，有一点大家倒是都一样，那就是听了课后察觉到了"我也是这样的情况"，或者意识到了自己正在被施暴。我读了学生的报告之后，发现原来自己帮到了一些人，对此也感到很欣慰。当然，也有人依然想要说服自己，认为这也是爱的一种表现，然后继续交往，把希望寄托于那句老话——"可能结婚之后他就改了"，然后步入婚姻。如果真到了这一步就麻烦了，因为解除婚姻关系要比解除恋爱关系难上数倍。被拳打脚踢、被贬低身材、被性胁迫、被电话骚扰，即便如此还将其信以为爱情，到底是为什么呢？上文中的报告中有这么一句话："他是病态的，我也是。"这种病态叫作"依存症"。如果真是病症，我们就必须认真重新考虑了。

## 有了性关系之后，一些问题就会浮出水面

谈恋爱的时候，至少在发生性关系之前，他不是这样的……但是从某个时候起，他就变了。这里的"某个时候"在大多情况下，指的就是性关系建立之后。明明之前是平等关系（或者自认为有过平等关系），一旦有了性关系，平等关系就全盘崩溃——这是为什么？

究其原因，与其说是因为没有把性关系当作建立在平等基础上的双方关系，倒不如说，问题在于很多男性从没意识到，也从没被教导过这一点。人们普遍有一种刻板印象，即性是由男性渴求，然后主动开始的。说是男性主导也好、支配也好、攻击也好，总之性关系发生的瞬间，双方的横向平等关系变成了纵向的上下关系。在上述意识背后，可能也有男女性器官形状差异带来的影响。但最大的问题在于，男性

内心深处存在的男性优越感。很多人说这是由社会或家庭造成的，在我看来这就属于无稽之谈，因为没有这种性别优越感的男性也不在少数。毕竟，"与生俱来"这样的想法也不是与生俱来的。

不过，这种由社会、家庭造成的优越感通常在潜意识中，让人察觉不到。很多男性明白，一旦被对方知道自己有这种优越感，恋爱就谈崩了，所以想继续谈恋爱的男性会压抑、隐藏这种优越感，可能连他本人也察觉不到。然而性关系一经建立，他就可能完全像变了一个人，一直压抑着的优越感会转换成支配欲表现出来。当然我并不是说所有男性都这样，只是这种例子相当多。虽说优越感一直潜在，但是经由性关系而浮现出来的这种优越的性爱观会成为日后的一个大麻烦，不想办法转变思想的话，就无法建立起良好的亲密关系。这问题非同小可。

## ▍知道恋爱 DV 之后，试着重新审视爱情

从本章开头的几个报告中可以看出，好像很多男性自认

为和自己发生过性关系的女性就是"老子的女人",想要任意操控她们,这种既幼稚又油腻的男性到处都是。让我们再看几位同学的报告。

———

今天了解到了DV,让我想起我的朋友之前遭受了严重的DV。被拳打脚踢是家常便饭,甚至在她怀孕期间,她男朋友还一言不合就踹她肚子。就连要好的男性朋友上前制止,也会跟着挨一顿揍。好像对方还背负着100多万(日元)的债没还。现在我朋友已经和他分手了。我觉得他就是个人渣,之前我多次劝朋友分手,但是朋友总不听,还说他心里应该还爱着自己。最后终于分手了,真是太好了!不过,我担心自己以后会不会也遇到这样的人渣。

———

听完今天上课讲的内容,我感到很幸运自己没有遭受过肉体暴力,但是我确实也忍不了了,希望他适可而止。我也知道并不是所有人都这样,但我已经有些害怕再建立亲密关系了。怎么会这么幼稚呢?他学习能力还行,但性格太幼稚了。我把遭遇的事情写下来,自己再看时,发现他是真的变态!

- 深夜给我打恶作剧电话，或者一直给我社交账号发邮件，内容充斥着负面情绪。

- 我已经拉黑他，他却一直给我打电话，未读信息全部都是他发的。还不请自来地来我家（已经报警）。

- 对我们的共同好友口出恶言，惹朋友厌烦，甚至把人家的名字挂到网上，散布谣言。

- 把染血菜刀的照片发给我，还加上"杀了你""去死吧"等字样。

类似上面的报告，再次刷新了我的认知，我没想到竟然还有女同学遭遇过这么过分的事。听到这些分享，有不少同学也开始觉醒，意识到"这说的不就是我吗""原来这也属于暴力啊"。比如下面这几位同学的经历。

听完老师的课，我觉得我和男朋友之间好像也存在精神暴力。就算我多次对他的暴力言论表示厌恶，但他屡教不改，我有好几次气得想打人。最近我不想吵架，就默默忍受着，但我不知道自己能否一直忍下去。老师的课让我想要好好考虑一下我们的未来了。

———

我经常在电视里听到和看到关于家暴的新闻，但还是第一次听说恋人之间也会有恋爱DV的情况。听完课之后，我反思自己好像每天都想让男朋友按照自己的想法做事。我可能仗着他性格温柔，仗着自己是女生，把自己放在了更高的位置。如果他没有按照我的想法做事的话，我就会说一些难听的话，事后又自己一个人伤心。我现在意识到了，恋人之间没有谁比谁地位更高，双方应该是平等的关系。我之前连最基本的平等都忘了，总是以自我为中心，伤了他的心。了解到恋爱DV之后，我会再次确认作为恋人应有的交往状态，重新审视自己迄今为止的态度。我想和男朋友的关系越来越好。

## 何为恋人？何为性行为？

上文中选取的报告都是来自听了课的女同学们，虽然只是一部分，但是提出了一些值得我们思考的问题。不过，仅仅倾听女同学的声音未免失之偏颇，难得有男同学来听课，接下来我也介绍一些男同学的报告。首先就是一些较为常见，也是反馈最多的一些想法。

以下是一些男同学们的课后报告：

———

我之前一直以为DV只是极少数人的行为，但现在切身感受到，日常生活中确实也会发生这种事。当我的女朋友和别的男生讲话时，我确实会不开心，但我知道因此施以暴力是不正常的行为。我不能说自己完全没有限制女朋友行为的想法，但我知道"己所不欲，强施于人"是一种自私自利的行为。今天对DV有了较为深刻的了解，今后我会注意自己的行为，不让女朋友因我而受到伤害。

———

听了今天的内容，我心里咯噔一下。我现在正和一位女性处于半同居状态，无论她愿不愿意，我都会强行和她发生性行为，甚至是在吵架之后，或是她生理期期间。她若表现出抗拒的话，我就会更想强迫她、侵犯她。我讨厌自己控制不住的暴力欲望，我以后绝对不会再强迫她，也必须学会换位思考。

———

听了老师的课，我发觉自己也是恋爱DV的施暴者。我和前女友谈了两年半，最近刚分手。我曾有好几次无视她的疲惫和拒绝，强行发生了性行为。我记得当时我没有用暴力，但我用力抓住了她的胳膊。现在想想，对她来说，这种行为就是DV吧？即使是生理期，我也一边说着没事，一边强迫她发生关系。说实话，我在日常生活中自认为还算温柔，但是我发现自己一碰到性，就会变得很暴力，这令我感到吃惊。一想到我曾给最爱的女孩带去那么大的痛苦，就觉得自己无耻至极。我觉得这是我必须改正的地方。

"当时我没有用暴力"，后面紧接着说"我用力抓住了她的胳膊"。要知道，这就是暴力。这位同学虽然有反省"对她来说，这种行为就是DV吧"，但他好像没有意识到，用武力剥夺对方自由，让对方感到痛苦和害怕也属于暴力。

在看到这位同学的报告后，我特意在之后的一节课上做了以上回应。

"我们明明在谈恋爱，为什么会这样？"——大家知道恋爱DV吗？

───

说实话，我确实或多或少有DV的苗头。当然绝对不是拳脚相向，而是占有欲和嫉妒心比较强。我和朋友聊了这个话题，我觉得很多人都有。那这种占有欲和嫉妒心强到什么程度才算是不正常呢？我认为恋爱和支配（可能用词不太好听）是不可分割的整体。我不能接受对方出轨，所以很在意对方每天的行为和动态。虽然我主观上并不觉得自己不正常，但是客观来看，这正是潜在的有DV倾向的人才会有的想法吧？

───

听了今天的课，我想起了一个朋友（男）。他和一个女生从高一开始谈了六年恋爱，也因为那个女生，他很少参加诸如同学聚会，和朋友下酒馆等有别的女生在场的各种活动。我打听过，说是从高中开始，他仅仅是因为教别的女生学习，或者和别的女生开心地聊天，就发生过好多次"修罗场"[1]。现在想起来，我觉得这也是DV的一种表现吧。DV不只是男对女的单向施暴。

---

1　修罗场是佛家语，指的是修罗之间的死斗坑，在这里引申为那些令人尴尬的场面。——译者注

在我很小的时候，我的父亲常常家暴我母亲。他每天在外边酒馆喝完这家去下家，常常夜不归宿。偶尔回家的时候，就拿母亲和姐姐撒气，甚至对她们大打出手。我家姐弟四个，孩子多，因此父亲心里清楚母亲无法提出离婚。有了这张"底牌"，他更是肆无忌惮地把在外受的气发泄到家里。后来，当母亲下定决心离婚时，他不知是被吓破了胆还是在意面子，态度变得截然不同，说自己不想离婚，开始骚扰母亲和我们姐弟几人。再后来，法院判决的结果是离婚，我们姐弟四人跟母亲生活。不知是否受到儿时家暴记忆的影响，我总会察言观色之后再做出行动。我认为，企图用武力将对方打倒的家暴行为绝不能得到原谅。

看到上面的报告，我不禁感慨，原来男生也背负着各种各样的思虑和自卑情绪啊。看到男同学在课后这么短的时间内能直面自己的内心，写出这么多内容，我感觉看到了希望。

我兴致勃勃地听了老师讲的事例，才知道竟然有同龄人这么惨。每次在媒体上看到或听到类似事件的时候，我都觉得自己绝对不会做出这样的事。但是听了老师的课，我感觉，或许每个人的程度有所不同，但是无论是谁都有可能成为施暴者，我暗下决心绝不能成为伤害女朋友的那种人。

听到了各种各样关于DV的经历之后，我有些惊讶。现在的女朋友不知道是不是去年上了这门课的缘故，她现在真的很尊重我的想法。希望男生们一定要听一听老师的课。

可能有些王婆卖瓜的嫌疑，我感觉到，男生（当然，女生同样）通过学习这门课多少有了些改变，或者至少接触到了改变的契机。总之，学生们好像通过这门课程的学习，有了客观看待自己"问题"的机会。

那么，请思考一下，对你来说，对恋人来说，谈恋爱到底是什么？性行为又是什么？

## 02

### 如何建立让双方都感到舒适的亲密关系?

## 从"幸不幸福"而非"迟与早"的角度看待性经历

以下是一些同学的课后报告：

---

老师，我马上就快大学毕业了，还是处男。周围朋友几乎都有过性经历，我感觉自己很丢脸，该怎么办？

---

我是一名大三的女生。听了老师的课，感觉大学生发生性行为是理所当然的事，并且和朋友讨论的时候，大家好像都有过性经历，我觉得没性经历的自己很丢人。像我这样的人真的很奇怪吗？

我有点吃惊于现在的大学生竟然还用着"处男、处女"这样的字眼，竟然对自己没有性经历这么自卑。

因为时不时也有其他学生反映此类现象，所以我决定在课上稍微提一下这件事。首先，我向学生们做了郑重道歉。我说："接下来我要纠正一件事，大家听了我的课，觉得几乎所有大学生都有过性经历。其实，事实并非如此。在课上大家提出的问题和想法都是基于各自的经历，就结果而言，有关性经历的问题多，这就造成大家觉得其他同学都有过性经历的错觉。是我考虑不周，实在抱歉。"接着，我一边介绍性经历相关的调查数据，一边讲述怎么看待这些数据。

在日本，曾经有段时间，"失去童贞""失去处女之身""二手货"等词被附加了特别的意义。性经历被看作"男女成年的象征"（即意味着男女双方有能力孕育后代）。但是今非昔比，在今天，是否有过性经历和个人的价值、存在意义毫不相干。所以，还望各位从今天开始不要再拘泥于这些，以免徒增烦恼。

话虽如此，拥有什么样的初次性体验也并非是一件无关紧要的事。有人早一步，有人晚一步（也有人一生未曾经历），但问题不在于早晚，而在于你的初次性体验幸不幸福。也就是说，你和对方的性体验是否是双方发自内心的共同期待。性交是把彼此的私密空间让渡给对方，甚至是把生命托付给对方的行为。当然也会有各种意外，比如未必符合你对性体验的想象，比如结果未必如意，比如交流过程未必顺畅，等等。这些状况虽然会让人遗憾，但双方可以对这次的不完美加以思考总结，将其作为建立更良好关系的教训。我认为，不能因为最初的失败而放弃后续的尝试。

就拿日本的男生来说，不少人的第一次性体验对象是性工作者。对于曾经的日本而言，这种现象也实属正常，不过我听说现如今还有人吹嘘这种经历，这就有点无聊了。

第一次性经历会在当事人心里留下种种印记，并且会持续影响其今后的性观念、人生观、社交观（包括其男性观、女性观等）。

所以请大家务必慎重且不留遗憾地、勇敢地直面这件事。

## 为何性活动呈现不活跃倾向?

从下文中的图2-1中可以看出,近年来日本高中生和大学生群体的性活动频率普遍下降。对此,专家学者们有各种各样的论述和分析,接下来我想借用日本性教育协会的全国调查数据来进行分析。

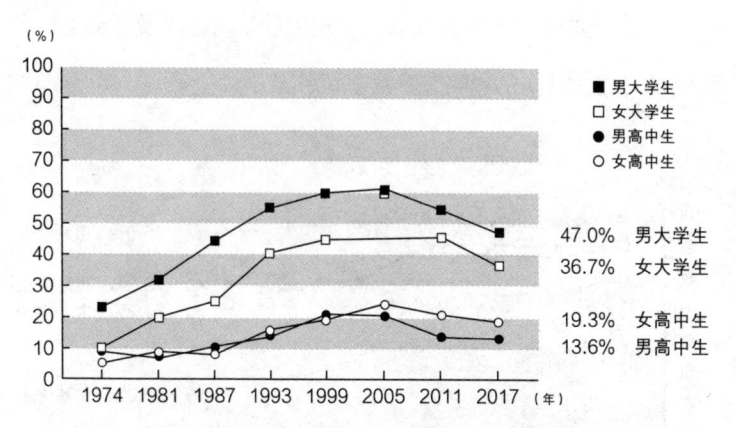

- 该调查每6年进行一次。数值在2005年达到高峰后,持续快速下降,性活动频率呈不活跃倾向。

**图2-1 性活动频率变化**

首先请看图2-2。该图可以看作图2-1"性活动频率变化"的背景调查,能够充分说明性活动频率下降的原因。而女生对性的兴趣下降幅度尤其大。

而在图2-3"对性的印象——愉悦？不愉悦？"中，随着调查年份的推移，持否定态度的女性渐增。不难想到，其结果必定是男女双方对性的印象差距逐渐扩大。这种意识/印象差距的扩大不仅会造成男女交流障碍，还会进而引发性活动频率的下降。

人们的性意识与在家庭、学校中的学习，以及社会上性知识（性文化）的影响有着紧密联系。

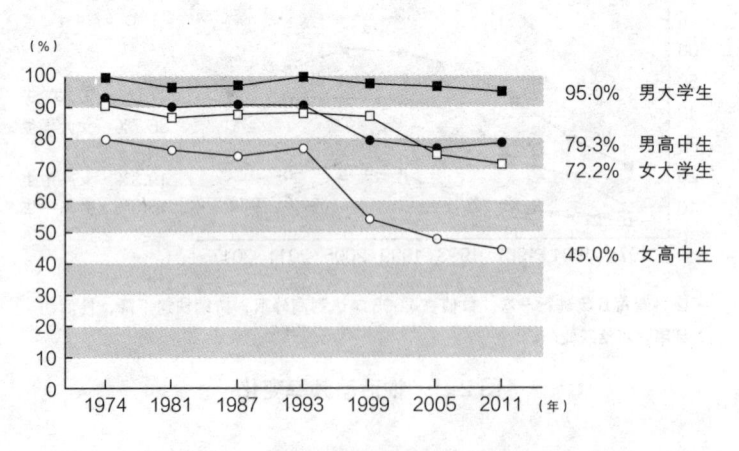

95.0%　男大学生
79.3%　男高中生
72.2%　女大学生
45.0%　女高中生

**图 2-2　对"性"感兴趣的比例变化**

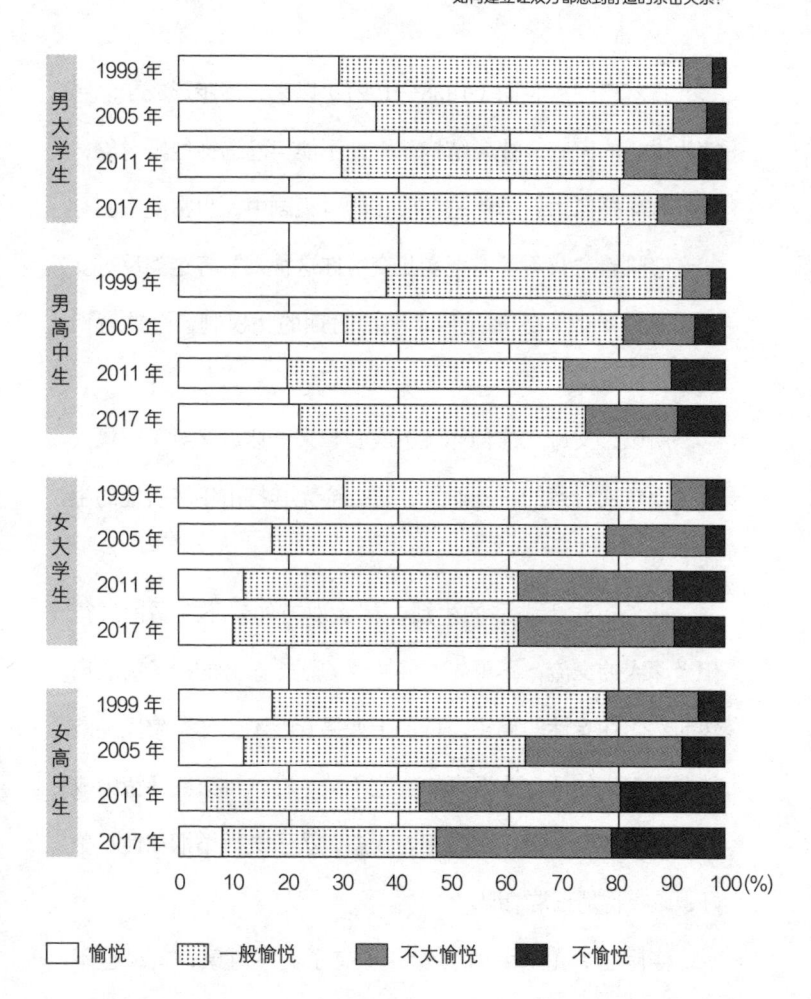

如何建立让双方都感到舒适的亲密关系？

| | 愉悦 | 一般愉悦 | 不太愉悦 | 不愉悦 |

图例：
☐ 愉悦　▦ 一般愉悦　▨ 不太愉悦　■ 不愉悦

- 本章所有图表的数据均来源于《"年轻人的性"：第八次全国青少年性行为调查报告》（日本性教育协会编 小学馆 2019 年发行）。

**图 2-3　对性的印象——愉悦？不愉悦？**

日本自明治时期（1868—1921）以来，逐步形成了以男性为中心的家庭、社会结构。女性不能自己选择结婚对象，也没有离婚自由。即使是在现在的电视剧中，也常能看到有父亲怒吼着"我不可能把女儿交给你这种人"等这类反对女儿婚姻的场景，这正是日本明治时期的父权制社会的意识残留。

所以，父母在这种环境下成长起来，然后又对下一代人进行无声或有声的"压迫"，这就会尤其打击年轻女性的生存欲望。

此外，对于婚后的生活，男女双方如果不在婚前进行相当深入的交流，不事先签好协议的话，家务的担子就会自然而然落在女性的肩头。再加上如果女性不工作，家里经济就撑不起来的话，女性真的会吃不消。在这种家庭环境中成长，耳濡目染父母日常的相处状态，孩子觉得婚姻和性不美好，属实也是正常情况。

实际上，就算女性（女儿）有了交往对象，父母也不会觉得高兴。他们只会觉得麻烦事要来了，有时还会打扰女儿交往，或者因为过于担心而过度干涉，又或是一直强调困难,试图阻止女儿谈恋爱。但同时他们又会反过来催婚,结了婚还会催生。对于男性而言,父母则期待他们(儿子)能够成为家里的顶梁柱,所以也会不断施加压力。被种种身份束缚着,难以活出自我,想必是很多年轻人的现状。

那么,日本学校的性知识普及情况又如何呢?在日本,可以说未成年人就是以不发生性关系为前提来上学的。现在仍有把性行为视为问题的观点,性相关的课程也极为匮乏,几乎没有知识能让孩子们认识到性是美好的。由于我们对性的认知基础是"学生发生性行为是不妥的",所以,无论是避孕的知识,还是避孕药的药物信息,或者是国际标准级的安全人流手术现状,再或者是保障女性健康的一些对策等,都不在学生的学习范围之内。而在欧洲,理解性的愉悦感和学习性知识,已经成为学生们重要的学习课程之一,但在日本的教科书里,女性生殖器图上甚至都没有阴蒂的详细说明。像这样让人瞠目结舌的情况比比皆是。

除了家庭和学校,对学生的性意识和价值观影响颇深的还有AV电影等成人信息。本来它们是面向成人制作的,但是由于学校和家庭缺乏对性知识的普及教育,它们反倒成了对孩子和青少年影响力极大的"性科普"渠道，尤其影响了身为主要受众的男生，其次是受到这些男生影响的女生们。

也就是说，对于这些没有认真学过怎样进行性交流的男生来说，原本为了满足男性性幻想而制作出来的支配女性的影像，却发挥着半教科书似的作用。我们不得不承认，这就是日本社会的性关系的现状，可以说是一种"社会色情化"的象征。长此以往，"性并不愉快"的印象越来越深刻，而意识到这一点的女性和男性就会日渐产生距离，性活动频率下降的倾向就会愈发严重。如果再继续放任不管的话，男女的亲密关系就可能会消失。我们必须警觉这样的危机。

## "因为我爱他"——性行为的动机调查

大学生自不必说，随着高中生的18岁成人礼逼近，时代要求他们要有成熟的判断力和行为。然而我们在第一章的恋爱DV中可以看到，相当多的学生在恋爱方面面临着艰难的处境。其背后反映出这样一些问题：如果高中毕业还没谈恋爱，颜面尽失的沮丧感和处男/处女的自卑情结会不会导致他们急于恋爱？他们会不会把谈恋爱和要做爱混为一谈？他们初次性体验的动机又是什么呢（见下文表2-1）？

"你要是喜欢我的话，会愿意做的，对吧？"这是男生常挂在嘴边的话，让女生很难拒绝。女生拒绝的话，就会显得自己不喜欢对方。女生一方面不想分手，但另一方面又觉得现在发生性行为太早了，也提不起兴趣主动发生关系。在进退两难之间，女生最终同意了，但是并非真的完全接受这一行为，所以这会让她心有芥蒂。男生则因为发生了性行为，开始把女朋友完全当成自己的所有物进行支配。这种相处模式与DV问题的滋生有着紧密联系。

在表2-2中，对于"初次性体验时，感受如何？"这一问题的回答，不到一半的女高中生认为"能有这次经历太好了"，而值得注意的是，选择"如果没有过就好了"和"二者都不是"的女高中生加起来的比例则超过一半。对此，我想说的是：最初的经历不能代表一切，如果觉得不顺利，可以想想原因，总结教训下次改进。如果有一天，能有90%的人回忆起初次性经历，能觉得十分美好的话，那就好了。

表 2-1 初次性体验时的动机或契机是什么？（多选）

（单位：%）

|  | 高中生 | | 大学生 | |
| --- | --- | --- | --- | --- |
|  | 男 | 女 | 男 | 女 |
| 因为爱 | 36.0 | 30.2 | 25.5 | 19.3 |
| 因为喜欢 | 55.7 | 71.7 | 61.2 | 71.3 |
| 因为好奇 | 32.9 | 18.8 | 35.7 | 24.0 |
| 因为想尝试 | 42.9 | 22.7 | 48.0 | 33.7 |
| 因为没当回事或者喝了酒 | 2.1 | 2.9 | 4.4 | 3.2 |
| 因为对方强烈要求 | 5.5 | 16.7 | 1.8 | 13.9 |
| 不清楚原因 | 9.3 | 11.8 | 6.1 | 8.9 |
| 其他 | 1.0 | 0.5 | 1.2 | 0.8 |
| 空白 | 2.4 | 2.4 | 0.7 | 0.7 |

表 2-2 初次性体验时，感受如何？

（单位：%）

|  | 高中生 | | 大学生 | |
| --- | --- | --- | --- | --- |
|  | 男 | 女 | 男 | 女 |
| 能有这次经历太好了 | 64.4 | 47.1 | 74.3 | 58.8 |
| 如果没有过就好了 | 4.2 | 10.1 | 3.5 | 7.7 |
| 二者都不是 | 30.4 | 41.1 | 21.8 | 32.9 |
| 空白 | 1.0 | 1.7 | 0.4 | 0.6 |

表2-3反映了男女之间对性行为的感受和接近性快感的方式的差异。我希望女生能更主动地接纳性带来的快乐（不是为了男生），希望男生能更多地关注女生的性快感。我知道刚开始一定不容易，但最起码有这样的心理准备。

表 2-3 为什么会有表 2-2 中的感受？（多选）

（单位：%）

|  | 高中生 | | 大学生 | |
|---|---|---|---|---|
|  | 男 | 女 | 男 | 女 |
| 因为能和喜欢的人更加亲密 | 50.2 | 41.1 | 52.3 | 48.1 |
| 因为舒服 | 41.5 | 12.6 | 43.0 | 13.5 |
| 因为能感到对方的爱 | 31.1 | 40.3 | 33.7 | 41.0 |
| 因为通过这件事成为了大人 | 12.1 | 6.5 | 24.0 | 19.6 |
| 因为对方喜欢 | 16.6 | 19.8 | 17.2 | 29.5 |
| 因为当时不喜欢对方 | 7.6 | 5.8 | 5.0 | 5.0 |
| 因为不舒服 | 2.8 | 10.4 | 4.3 | 14.6 |
| 因为感受不到对方的爱 | 1.7 | 5.1 | 1.1 | 4.3 |
| 因为和我想象中不一样 | 8.3 | 13.3 | 12.3 | 14.3 |
| 因为觉得太早了 | 10.0 | 12.6 | 3.4 | 7.6 |
| 其他 | 3.8 | 8.5 | 2.4 | 4.5 |
| 空白 | 5.9 | 8.0 | 3.0 | 2.6 |

此外，我希望同学们不要简单地把性经历当作"融入成年人社会"的仪式，而要结合"成年人是怎样生存的"这样的角度去思考问题。转变为成年人的第一步不正是摆脱以自我为中心的意识，和另外的人一起生活吗？如果说爱的本质是想要让对方得到幸福，那性行为可以被赋予这样的意义——向成年人蜕变的机会。

## 爱和性的关系是怎样的？

"为什么男性可以做到有性无爱？"

"老师能说一下男女对于性的心理差异吗？"

"谈恋爱是为了什么？"

"必须谈恋爱吗？"

我给高中生开讲座的时候，课前做了一下问卷调查，在"其他问题"一栏里看到了以上这几个问题。

总的来说，能看出来大家对恋爱和结婚的话题很感兴趣。他们毕竟很少认真思考和讨论这些话题，感兴趣也很正常。

由此也能看出，初高中的性教育似乎还存在大片空白。我们回到本节开头提出的问题：为什么男性可以做到有性无爱？我不确定这位同学是在说自己的男朋友，还是指在日本买春（嫖娼）的男性。

对此，我是这么回答的："并不是只有男性才能做到有性无爱。如果只是单纯问能否做到的话，女性一样也可以。比如举一个不太好的例子：卖春[1]的女性如果爱上每一个服务对象的话，应该没办法一天之内和很多人发生性关系吧。为了钱，为了维持生活，和不喜欢的人发生性关系，这就是性工作的内容。所以，无论男女，我们认为他们都'能够'发生没有感情基础的性关系。所以，问题不在于能不能，而在于想不想。那大家怎么看呢？你是想，还是不想？"

这个问题到这儿还没结束。爱和性并非一直都是统一体，它们各自独立。这时候就分出了问题的两个方向：一个是不要觉得有爱（或者被爱）就必须要有性；一个是并非有了性，就

---

1 买春、卖春这两个词里面的"春"有苏醒、充满生命力和希望的含义，所以可能会有美化性交易之嫌。因此，有人主张直白表述为"性买卖"。不过因为我在大学教课的时候还没有这种说法，所以在本书中就沿用了当时的表述。

一定会有爱（或者爱过）。如果有幸能拥有"以爱情为支撑的性"和"与性相伴的爱"的话，自然很好，但是我希望大家首先心里要清楚，爱和性并不是轻易就能两全其美的东西。

我们把轻易发生的性关系叫作"一夜情"，或者叫作"炮友"关系，俗话也叫"勾搭上了"。有人说经常更换性爱对象是理所当然的事，是一种潮流，甚至煽动他人说如果不赶紧追赶潮流的话就落伍了。但是请大家不要慌、不要急，性爱这件事，等到身体、内心和性全面成熟之后，也绝不算晚；倒不如说，全面成熟之后再进行性爱，才是我一直讲的理想状态。

话说回来，"因为喜欢""因为爱""因为他爱我"等，都是引发性行为的主要情感和动机。然而事实上，所谓"爱"会让你产生对对方的控制欲，也会强制地自我牺牲。"我爱你"这句话虽很让人心动，但也让人害怕。所以我认为，与其用虚无缥缈的"爱"，不如用"理解""同意""安心""安全""舒适"等这样的词汇来分析、审视自己的身体、心灵和性感受。

"理解"，指的是在了解的基础上的应允。

"同意"，指的是明确的赞成，并非不反对或者默认，而是强调自己积极的态度，即我也这么认为，我也想这么做。

"安心",指的是不会担心会意外怀孕或者感染性病,做好了避免意外的万全准备。

"安全",指的是性行为时双方以毫无防备的姿态进行交合,如果任意一方有坏心思,那么就很危险了,因此性是很容易受伤的行为,有时还会有性命之危。从这一点来讲,安全则是必要条件。

"舒适"在词典(《广辞苑》等)中被解释为"顺应身心,心情舒畅[1]",这个解释很合适,因为理想的性就是要顺应双方的身心,让双方都心情舒畅。如若不然,就会越来越痛苦,也容易埋怨对方。再者,如果从一开始就没想着和对方分享"舒适"的话,这种性行为就是犯罪,是性虐待。关于怎样才能让双方都"舒适"这一点,我们在后续章节里会展开详细讨论。

## ▌关于"性同意"这件事

我对于理想的亲密关系的理解是:与其着眼于虚无缥缈

---

[1] 此处的舒畅与否并非单指是否达到性高潮,而是指是否满足身心需求,是否感受到生命的美好。

的"爱",不如重新问问自己的心是否处于"理解""同意""安心""安全""舒适"的状态。那么,"同意"究竟是指什么?我们怎么看待它?这是关乎人们的性认知的重要问题,也深切关乎人们的现在和将来。

2017年,日本修订了《刑法》,把"强奸罪"更名为"强制性交等罪"。这是自明治四十年(1907)制定《刑法》以来,时隔110年的首次大幅度修正。这并不仅仅是简单的罪名修改。一直以来,强奸罪只限定于阴道性交,也就是说,指的是男性生殖器强行插入女性阴道,因此侵害方限定为男性,并且除了阴道以外,比如说对于口腔、肛门的性侵则不在定义范围内。这是因为当时的法律考虑到只有阴道性交才会导致怀孕,而和配偶之外的其他人生的孩子会导致日本的家庭制度、家庭谱系的混乱[1],并未考虑到女性的人权问题。而对于想要起诉强奸罪名的女性而言,她们因为这个定义要跨越很多严

---

[1] 第二次世界大战前,日本《刑法》中规定的"通奸罪",只限于惩罚妻子,而没有对丈夫做同样的规定。对于处于侵害方的男性来说,只要被侵害的女性没有丈夫,男性就能免罪。这是为了防止子嗣混乱而设定的男女不平等条例。第二次世界大战后,根据日本新《宪法》规定的男女平等原则,通奸罪的规定被废除。

苛的阻碍：对方是否使用了暴力或威胁？是否达到让人明显反抗的程度？女性是否拼命反抗了？有多拼命？受害者除了被各种诘问，还要当庭证明被强暴的程度，以此让法官（在过去，法官全是男性）作出判决，这无疑是在承受二次强暴。一直以来，面对法庭上不得不忍受的屈辱，有些人干脆放弃起诉，有些人则在起诉之后又撤回。

2017年日本《刑法》修正后，新列入的"强制性交等罪"不只局限于阴道性侵，还包括肛门、口腔性侵等，也开辟了承认男性受害人的先例。不过，在这一阶段，"强奸、胁迫的构成要件"仍旧沿用，三年后又重新修订时，得益于一系列女性运动[1]的支持，这些构成要件才被取消，新增条目"未经同意的性交需要接受相应的处罚"也开始被广泛关注和讨论[2]。这次《刑法》修订虽说为时过晚，但在谋求理想的性关系和建立男女亲密关系上，无疑是一个巨大的进步。在理解了这些变化的意义后，我们就更要意识到更广泛的性

---

1　比如 Me Too 运动（反性骚扰运动）。

2　日本讨论修改性犯罪法，导火线源于2019年的几次无罪判决。当年日本陆续对几起受到父亲性侵、性虐待的案件做了无罪判决。这引发了全国范围内女性的公愤。具体可参考伊藤和子所著的《他为何无罪》一书。

教育的重要性。像"性同意到底是什么""怎样在只有两方的私密场合确认对方是否同意"等类似性知识的普及，关乎"性主体意识的形成"。我们必须要认识到这是我们每个人都肩负着的新课题。

对于未经同意的性交处罚制度已经在瑞典、英国、加拿大、德国及美国部分州率先施行。也就是"No Means No"原则。在日本，关于性同意有这么一句俗语："嘴上说不要，其实身体很喜欢。"英语中也有类似的说法，"No Means Yes"。殊不知，这种说法会导致社会对性胁迫的默许。我强烈期望日本政府在今后的《刑法》修订中能够划时代性地否定这种说法，且明确将未经同意的性行为纳入犯罪。

瑞典在2018年修正了相关法案，规定只要对方没有说"Yes"，也就是说，在对方意愿不明，没明确说同意的情况下，发生性行为就是犯罪。我不禁想感慨一下，时代能发展到这种程度，真是太好了。

性行为发生的时候，在场的只有两位当事人，这一点不言自明。那么，双方是同意还是不同意，该怎样判定，由谁来判定呢？答案是，只有当事人自己。

今后要发生性行为的两位当事人，该怎样表现才能征得同意呢？对此应该怎样答复呢？怎样答复才不容易产生误解？此外，没有征得同意的时候，知道尊重对方并及时退出的重要性，以及将包括生殖器在内的性知识，用文字表现出来并能付诸教育实践等，这些都是我们必须要展开的性教育相关课题。

作为普及性知识的一员，我必须将其铭刻在心。我认为最重要的是我们每个人要对此深入思考，形成自己的想法。毕竟事关自身。

## 03

一起来了解彼此的身、心和性（男性篇）

## 理解"男性生理"

说起人的身、心和性,很多人似懂非懂。如果只说自己的身、心和性,大部分人都还算了解,但是如果要说别人的、异性的身、心和性,那么大概率是不怎么了解的,因为没有了解过相关知识。而这就容易引起一些误解、偏见和臆想,从而导致男女对立和双方分歧。这么想来,我们是不是可以认为,恋爱期间就是了解双方的身、心和性的课堂时间?

我曾被邀请去中小学的家校联合会、妈妈教室等开讲座。在询问家长想听什么内容的时候,关于"青春期的性",特别是"男孩子的性"的反馈特别多。我也解答了他们的疑惑。

家长：老师，女孩子还好，但男孩子的事情，我完全不知道，有点担心。

我：这样的话，你问一下他父亲（你先生）怎么样？他父亲也经历过，你问问他就知道了。

家长：啊？问我先生初次遗精和自慰的事吗？可是，那种事我问不出口。

（然后，我开始吐槽了。）

我：也就是说，对先生问不出口的性方面的问题，对我就能问出口了吗？孩子都是青春期的中学生了，你还不知道男性的生理知识，可不值得骄傲哦（那位太太并没有骄傲，这只是我的吐槽）。

我：这位太太，咱们换位思考一下。你先生对于女性的生理知识不知道、不理解的时候，你不会生气吗？

家长：确实会生气。

我：对吧？也就是说，你们夫妻俩，一个是不了解女性生理的丈夫，一个是不了解男性生理的妻子（你俩能过得开心么）。

当然，如果最后一句说出来，我可能要从讨人嫌变成性骚扰了。虽没说出口，但我心里就是那么想的。对同住一个屋檐下的两个人来说，这明明是至关重要的核心问题，为什么不能互相询问，互相了解彼此的身体、内心和性呢？但是，实际操作起来很难。因为人们普遍认为性是人格之外的东西，是一件"下流"的事情，所以这就更难开口相互探讨了。

当然，也不只是对异性的事情不懂，有的人对自己的事情也不是很懂，但是自认为很了解。总之，我们先看看与男性相关的几个重点性知识吧。

### 有人深信，男性的性欲是由不断积存的精子引发的

不知道大家有没有听说过这些说法："不射精，精子就会不断积存，然后引起性冲动。""因为是生理现象，所以没有办法解决这一问题。自古以来就有嫖娼，也无法根绝强奸现象。""男性的性欲大于理性。"有些男性可能会突然想到这些话，然后脱口而出："所以，和我做爱吧！"

这些看法可能就是对男性生理最大的误解。这些误解会让男女双方的性关系生出嫌隙，甚至最终走向崩溃。那么真

相是怎样的呢？

如果我们把不断积蓄的精液认定是男性性欲的源泉，那么就不会有因男性拒绝而产生的无性婚姻了吧？实际上，男性中也有性欲低的人，有的人一周、一个月，甚至更久一些不射精都可以忍受，甚至有几乎没有性欲的男人。当然，也有根本没时间积存精液，每天都要射精好多次的男性。

一般来说，刚开始同居或者新婚时期频繁性爱的人，性爱的间隔会随着同居时间的变长而越来越久。这种变化就不能归因于"精液存不下来"了吧？

对于这个问题，我对学生是这么说的：

"如果精子不射出来就会积存在身体某处的话，那么禁欲一周、三周、一个月后再次射精时，就会射出一杯、一碗的量了吧？这显然错得离谱，最多也就感觉比平常多一些。精子是细胞，就算不射出来，旧精子随着时间推移也会死掉，源源不绝地产生新精子。精囊和前列腺不断分泌的物质，并不会不断地积存在体内，逐渐膨胀。所谓'不断积蓄'，只是持续压制欲望时的一种心理感受而已。因为男性在射精时会感到身体轻松，所以这种感觉就更加深化了误解。"

实际上，有很多因素可以激起性欲。比如成人影片的刺激、心理的欲望、男性周围所处的环境充斥着性相关的东西，等等。如果引发男性欲望的根源和男性荷尔蒙（睾酮）有关的话，一般来说男性性欲会更强，对性更为关注，这也是非常正常的现象。男性如果性欲旺盛，也和从小就接触生殖器、射精，容易获得性快感等有关。但我们要知道：欲望无法控制，行为却可以自控。

### 男性的重要性能力之一——控制自己的行为

我们经常会看到一些文章写道：控制欲望很重要。但欲望是由某种契机引发的，我们难以单凭自己的意志和决心去制止、削弱或增强。

问题是，有一些男性会以"我忍不了""性欲超过了我的理性"这样的说辞，将那些随心所欲的性行为说成是不得已而为之。女性想着"原来是这样呀"，就只能被迫接受这种说法。于是大家就有了一个共同的认知，也可以说是所谓"常识"——因为男性难以控制自己，所以女性要多加小心。过去，随处可见的"小心色狼"的标语海报就说明了这一点。现在终于开始广泛传播"性骚扰是犯罪"这样的标语了，明明白白地发出警告："性骚扰是性暴力，侵犯了人权，快停手！"

虽然男性无法控制欲望的萌发，但能控制怎样合理表达欲望。一般有以下几种方法：

- 忍耐。
- 转移注意力。
- 尊重对方，并取得对方的同意。
- 自我排解。

总之，根据当时的情况自己决定就好。即使没有发挥效果，也不能不征求对方的同意强行行动。实际上，不管有没有女朋友、有没有结婚、是小孩还是大人（当然老年人也一样），几乎所有男性一直以来都是选择上述任意一个方法解决的。所以，从这一点就能看出，欲望和行动是可以分开的，并且我们要培养能够分开这二者的意识。可以说，这种意识是男性把自己的生命和性欲融入生活的必要条件。那些街头巷尾的闲聊总是偏向于认为，男人的性就是一种本能（女人也是），他们的欲望和行动是分不开的。这个问题尤其需要我们重视。

## 困于"男性化"怪圈的男性们

自己是否真的够男人?和别的男性相比,自己是否真的太差劲?如果我说,男性其实一直处于这种"男性化"的苦恼中,你信吗?

如果你是男性,可能会觉得"一直"这个词有点言过其实,不过事实上也差不太多。如果你是女性,则大概率会想,"我太懂了,我也会纠结自己够不够女人,也说不上这种纠结是好是坏"。虽然无论男女,都有人纠结自己够不够性别化,但是纠结的原因差别很大。我们稍微想一想,"女性化"的特质是什么呢?你可能会想到温柔、温顺、拘谨、细致入微地照顾人、顺从,等等,有些形容词已经相当有时代感了,但是所有这些词都传递着一种近似压迫性的信号,那就是,女性"不能出风头"。

本来这些词是没有什么歧视和压迫含义的。但问题在于把它们和"女性化"这个词结合在一起讨论的时候,就会给人一种"女人就该是这样,也必须这样"的刻板印象。因而，当人们逐渐发现这些词包含的性别歧视意味时，抗议的女性当然就越来越多了。

那么，"男性化"又是怎么回事呢？

首先，要身材强健，个子高，性格开朗，清爽利落。其次，不拘小节，坚忍不拔，有能力，擅长运动，活跃外向，有领导力，有决断力。还没说完哦。还要有执行力，包容心，理性，忍耐力，胆子大……好像多到写不完。总而言之，大家所期望的各种美好品质，基本上都能够和"男性化"重合。我们可以这么认为：相比于"女性化"充斥着的负面压迫，"男性化"则更偏向于正面激励。

所以，男性从出生开始就经历着来自父母和社会数不清的鼓励，然后不知不觉间，以外界赋予的形象为标准，塑造着自我形象。这样看来，男孩子好像是自发自愿地，不断向"真男人"的方向前进的。

然而，一旦进入青春期之后，男性开始能够客观看待自己了，此时就会看到自己身上有很多不符合"真男人"的地方。比如，总抱怨、没韧劲、只说不做，再加上不擅长也不喜欢运动，比起活跃于各种社交活动，更喜欢一个人在那儿读书；讨厌吵架，要是出现要打架的苗头的话，会想要马上逃走，等等。就这样，男性会越来越多地发现自己"不男人"的一面。会想着"我太差劲了吧"，觉得自己是二流、三流，甚至"不入流"。可以说，男人的自卑感从这时候就开始了。男人从发现自己差劲的那一天开始，不安和自卑感就会纠缠他的一生。

看到这里，我想肯定会有人提出一些疑问，比如"女生也是这样呀""女生也从青春期开始，就开始在意自己的身材容貌，终其一生都在对抗容貌焦虑"。这种变美变瘦的愿望，也会从怎样让男性看见，最终转变成内心对自我的期待。

不过，在这个问题上，男性和女性有一点大为不同，那就是这些所谓"男性化"的词汇里，隐含着一种轻视女性的思想——"如果是女人的话，不用这样也没关系"。因此，男性越是以成为真正男子汉为奋斗目标，就越容易产生对女性的轻视思想。

毕竟现实确实如此。比如，"是男人就别哭，别抱怨"这种话里，就隐含着"如果是女人的话，那就无所谓了"的想法。上文中提到的形容"男性化"的那些词，也全都是同样的意思，即女性不用具备这些品质。除此之外，不够男性化的男性就会被冠以饱含轻蔑的形容词，如"娘们唧唧的""跟女人一样优柔寡断"，等等。

真的有人能够完美地表现出来全部的男性化特质吗？答案是，没有。即使有，也只存在于理想状态中。所以，只要男性本人注意到这一点，从束缚中逃脱出来，就可以重获自由。男性要学会与自己和解，"我是二流，是三流，也没关系"。然而，有些男性则会一边这么安慰自己，一边继续囿于男性化思维，在心里暗暗想："虽然我没什么出息，但也比女的强。"

那女的耍我，那女的看不起我，那女的嘲笑我，那女的比我地位高、比我工作能力强，她命令我……男性的这种心理，与强暴以及性骚扰的底层逻辑都是一样的，那就是对女性根深蒂固的轻视心理，这与所谓"男性化"紧密相关，而这种轻视又会通过暴力或权力表现出来。

面对女性，一个男性如果总是自以为是、爱发脾气、施加暴力，那不是他厉害的表现，反而可能因为他软弱或者因自卑而产生了焦躁情绪。这个猜测即使不完全对，也八九不离十。所以女性完全没有必要忍让。而对于男性，我希望男性再思考一下你们的通病——"自卑感"。

应该怎样理解这种自卑感，并将其表现为一种温和谦逊的态度呢？其实，一位男性成熟与否以及他个性的展现就在于此。

## 即便如此也仍旧向往"男性化"吗？

"你这也算男人？""是男人的话，就应该这样……""亏你还是个男人呢，什么玩意！"你会不知不觉说出这样的话吗？就算不说出口，也可能会突然想到这些，然后脸上露出或轻蔑或嘲讽的表情。"你这也算女的？""亏你还是个女的。"如果女孩子听到这些，也会忍不住发火，然后想反击回去："你有能耐别莫名其妙攻击我，说出来我具体哪儿不好呀。"然后，对方反而会格外平静地讥讽："你是男人婆吧！"

然而，一般情况下，当男性被人这么说的时候，受到的伤害会比我们想象中的更大，因为他们一直困在"男性化"的牢笼中。并且，就连做爱时，也深信"不坚挺，非男人"。然而，有时越是想要精力充沛地上阵，反而越会勃起困难。这时候，如果女方再责难一句："你这也算是男人？再振作起来呀！"结果就可能使男性感到被责备、被看不起，甚至从此阳痿。

导致阳痿的原因有很多，常见的病因就是精神紧张、压力大。而这正是由于男性对性爱的责任感和使命感造成的，他们认为自己必须主动，保持精力旺盛（这是刻在男性意识里的东西）。从这个角度来看，男性还挺单纯的。

如果他将阳痿受到的屈辱进而转化为对于性接触的抗拒，或者说怀着曾经被责难的怨恨而攻击对方的话，那么此时的状态对于双方来说，未免也太悲哀了。而这并不只是性爱时会发生的事情，同样的麻烦也很有可能会大量发生在日常生活中。"身为男人赚不到钱""身为男人，从不哄我开心""一个大男人，没尊严""明明是个大男人……""身为男人……"，对于持有这种性别观、男性观的人，我只能说也太不成熟了。无论是男人，还是女人，都自顾自地给彼此设定好了一个"刻板印象",之后如果发现对方不符合这个"印象",就会指责对方。这个逻辑确实是让人难以理解。

无论你是男性,还是女性,都不要对男性群体或女性群体抱有刻板认知,要发现你自身和对方身上的特质,然后判断那个特质是否是你喜欢的,这就可以了。如果能不束缚于"性别"的刻板印象,只考虑个体身上的特质的话,想必会有很多关系更加自在也更有特色的情侣吧。

所谓"交往",本就该是互相发现彼此特质的一个过程。囿于嵌在固定框架里的"男性化""女性化"的刻板印象,只能说是一种陈旧、拘束且压抑的生活方式。

## 射精是什么感觉?

对于射精的快感,很难用语言来精准描述,而要把它讲给女性听、让女性理解则是难上加难。那么女性是怎么述自己的高潮[1]呢？"大脑一瞬间完全空白""好像要停止呼吸了""快感慢慢扩散到指尖、脚尖"，等等。不过就算用语言表述出来，说法也各不相同，有的还让人似懂非懂。这一点上，男性则完全不同。几乎所有男性的射精高潮（准确来说是生殖器周边的肌肉连续收缩而带来的快感）体验都是一样的。和男性感受的千篇一律相比，女性感受到的高潮在不同的精神状态、身体状态下，会有复杂多样的表现形式。并且，一些调查显示，不少女性从未体验过所谓高潮（女性高潮同样也是由连续的肌肉收缩引起的），她们无法体会到男性那种只要射精就能达到高潮的状态。也就是说，女性需要在精神放松的前提下，且与对方是自在相处的亲密关系（信任感、安心感等），在双方不断积累经验的过程中，才能逐渐产生快感，或有可能接近高潮。

当然，男性也并非和女性全然不同。确实，射精带来

---

1　指性快感的顶点。男性在高潮时，球海绵体肌和坐骨海绵体肌强烈收缩，将精液从尿道口射出体外。女性在高潮时，阴道口附近的阴道壁膨胀，然后抽搐收缩。这种收缩共有7~8次，每次间隔0.8秒。虽然有个体差异，但是男女基本类似。

的短暂快感可以通过自慰，甚至是意淫来得到。但这种快感往往转瞬即逝，比起快感，之后的空虚感和怅然反而更加明显。从这个意义上来说，只有当双方的心理状态平和、关系融洽，并在过程中有一种安心感和解放感，此时做爱带来的那种快感才会引发一种与人生价值相通的充实感。

关于射精之后的怅然和空虚感，我曾与《无感男人》这本书的作者森冈正博先生交流过，在这里也想和大家分享一下。

森冈先生结合自身经历，对"射精即高潮"这一说法提出疑问。他表示"射精也没那么大快感"，只不过是"瞬间的排泄快感"，且在射精之后感到"忧郁且空虚"。除此之外，他还说，在他第一次射精以及之后自慰的时候，都会觉得自己很丢人，由此也让他产生了男人的"性"很脏的想法。

在性教育中，关于女性月经，我们可以学习到复杂且个体差异很大的生理、心理知识，但对于初次射精和男性生理，相关的知识可谓千篇一律，这难道不是一个很大的问题吗？事实上，男性的生理欲望和感觉也是多种多样的。

有这样一些说法："男人做爱的对象无论是谁都行""只要能射精，男的就满足了"。这些说法看似精准，但还是在关键之处对男性产生了误解，或者说并不清楚实际情况。和女性比起来，男性确实更容易获得性快感和性高潮，因为很多男性从小就每天多次接触自己的阴茎、从小就知道碰触阴茎的快感（女性碰触自己阴蒂的机会则少很多），并且在反复自慰[1]中，不断体验着用意志控制这种行为的过程。从"驯服自己的性"这个角度上来说，这一过程是至关重要且不可或缺的。

也因如此，男性在接近女性或者追求女性时，对于产生直接性接触或相关亲密接触的期待是女性的好几倍。有一些男性会急于满足自己期望，对对方的内心和身体极为关注，而且还不能很好地控制自己行为，这类男性就是所谓"男性

---

1  自慰又称"手淫""自渎"，带有肮脏意味，略带贬义。我在这里将其定义成自我安慰、自我愉悦，不带有任何贬义。其实现在用这种表达方式的人也越来越多了。

化的男性",他们在性爱之前往往极为热情主动。因此,这类男性普遍具有这样的特点:会讨好、奉承女性,为了让对方喜欢自己而卖力表现。而"女性化的女性"一般在性爱之前,对性爱本身并不会表现出主动的意思,直到性关系发生后,乃至怀了孕纠结是否"把孩子生下来"时,她们才不得不成为这件事情中的主人公。

男女无论是身为"生物"还是"人类",无论性爱前后,都必须同为主角。意识到这一点,并将自己放在主角位置上,这比什么都重要。

正如上文所说,如果仅仅射精的话,很轻易就能得到快感。但和女性的高潮相比,无论程度深浅还是时间长短,射精的快感都不能与其相提并论。

但是男性无法体验女性高潮(反之亦然),这种比较本身就没多大意义。重要的是双方的关系、性认知和配合方式,这些才会对快感的深浅程度和时长产生决定性影响。

# 即使是当事人也不清楚的二三事

## 相当复杂的男性身体结构

要说哪个性别的烦恼比较多？很多人可能会回答"女性"，但实际上是男性。至少从打电话前来咨询的对象来看，无论是孩子、青少年还是成年人，男性数量占压倒性的多数。那么，他们都有什么样的烦恼呢？首先是自慰（我也称其为自我愉悦）相关问题：是不是次数太多了？太多会有什么坏处？自己对性的关注，以及自己的性功能和性欲望是否正常？其次就是关于生殖器大小的问题：阴茎歪向一侧、包皮的问题，等等。其实我一直觉得，如果学校的性教育对以上内容有所提及，这类困惑会少很多。遗憾的是，学校一直都没有认真将其纳入性教育，导致男性纷纷涌向我这里进行电话咨询。

首先，我们将男性和女性的生殖器官进行对比，并讲述其构造和功能。

## 男性生殖器官(侧面图)和女性生殖器官(正面图)

【男性生殖器官】

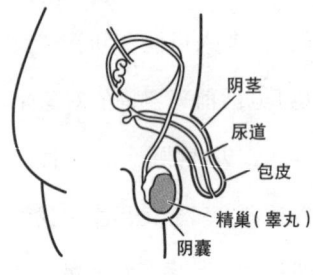

阴茎
尿道
包皮
精巢(睾丸)
阴囊

【女性生殖器官】

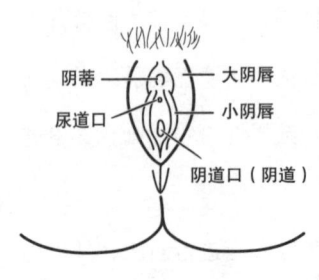

阴蒂
尿道口
大阴唇
小阴唇
阴道口(阴道)

在胚胎早期,男女生殖器源于同一个胚芽。随着胚胎的发育,逐渐分成男女,生殖器也随之出现性别差异。

在妊娠8—10周左右时,胎儿的原始生殖腺里如果有Y染色体,那么在Y染色体上的睾丸决定因子(SRY)作用下,性腺就会向睾丸即男性的方向发育;若没有Y染色体,就会向卵巢即女性的方向发育。睾丸会大量分泌雄性激素,它能够促进男性内外生殖器的形成和大脑的性别分化。而在雄性激素没有发挥作用时,内外生殖器就会向女性化发展。

精子产生于睾丸内,阴囊则是承托睾丸的口袋。大阴唇是女性性器官的组成部分,是一对纵行的具有弹性的皮肤皱襞。精子产生需要低于体温2—3℃的环境,而阴囊像一个温度调节器,可以随着温度伸缩(阴囊外表皮肤可以伸缩),自动避免过冷或过热。

男性的尿道是被海绵体包裹着的筒状管道,而包裹海绵体的包皮则相当于女性的小阴唇。男性的阴茎相当于女性的阴蒂,会随着睾丸激素的分泌而增大(阴蒂也是深入体内7—10厘米的大组织)。二者都由海绵体组成,都会由于性亢奋而充血勃起。

提起男女生殖器官,人们很容易将阴茎和阴道对应起来,但其实阴茎和阴蒂才是对应关系。

当睾丸处于制造精子的活跃期时,如果男性发高烧,那么精子的生产力就可能会降低。小学阶段的男孩得腮腺炎时,医生最重要的任务就是努力帮其退烧,也有出于这方面的考虑。附睾炎就是由感冒病毒引起的炎症。多说一嘴,现在的青春期男孩子、年轻男性都喜欢穿小小的三角内裤和紧身牛仔裤,这会压迫睾丸不断贴近身体,对其功能绝对没什么好处,倒不如穿着贴身四角短裤,还不怎么勒大腿根部。当然了,这个意见也可能会惹人哄堂大笑。

还有一件事比较复杂,即引发勃起的是副交感神经,引发射精的是交感神经。副交感神经的作用是抑制身体各器官过度兴奋,所以如果太过紧张,或者太过兴奋,反而很难勃起。新婚之夜无法完全勃起,和喜欢的对象终于能"坦诚相见"时无法勃起……如果此时还被女方说"这是怎么了?好奇怪呀!""你不行吧?"的话,男方就会更加不行。以上种种都和神经的作用密切相关。

## 勃起的机制

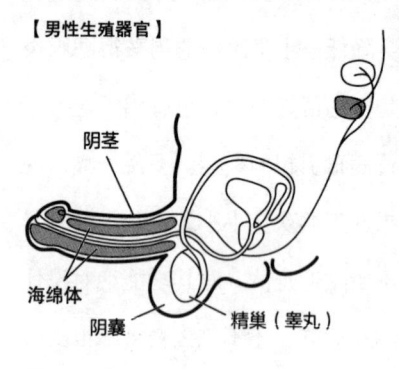

**【男性生殖器官】**

- 阴茎
- 海绵体
- 阴囊
- 精巢（睾丸）

勃起是指男性阴茎瞬间充血、胀大的状态。除了对生殖器进行物理刺激之外，性臆想等心理刺激也会引起勃起。不过，也不是刺激后就一定会有反应，有时候也不会勃起。所以事实上，勃起是无法预料的，凭自我意志无可奈何的，也无法"随心所欲"地掌控。如果物理和心理刺激消失，那么充斥的血液就会沿着海绵体回流回去，勃起现象也会消失。

愉快的心情和轻松舒适的环境更适合男性勃起。射精则与勃起不同，因为引发射精的是交感神经，所以如果不集中精神的话，精液就无法顺利射出。

大概很多人不知道，勃起、射精和男性的高潮机制都是由如此复杂的神经活动控制的吧。当然，可能大部分男性也对此不清楚，从而陷入苦恼和自卑。

可见，无论男女双方，都有必要充分了解和学习性相关的知识。

# 04

一起来了解彼此的身、心和性(女性篇)

## ▌从健康的角度看月经

要想了解女性的性知识,首先要了解的就是月经、月经相关的生理、心理以及健康相关的一些事情。而最重要的事情就是了解的意愿。实际上,在日本,无论是在小学阶段,还是初高中阶段,月经相关的知识都会被反复纳入性教育的内容。然而几年前,我在给大学生上课时说:"我觉得可能也会有同学没了解过,就着重向男同学讲一讲月经,女同学们就当是复习了。"但开讲后我发现女生也在非常积极认真地听讲。我问她们为什么这么认真,她们回答说:"老师,我们的性教育课一直到高中阶段,和月经有关的知识大部分都和怀孕、生育相关,感觉是把月经当作怀孕生育的前期准备来讲。今天是第一次这么完整地听到'月经和健康'的相关知识。"

一起来了解彼此的身、心和性（女性篇）

相当多学生说："今天终于了解了月经，也终于接纳它了。真希望我初中就能听到这些知识。"

至于我讲了什么内容，下面借助插图大致介绍一下。

### 月经的形成过程

子宫的内部正视图

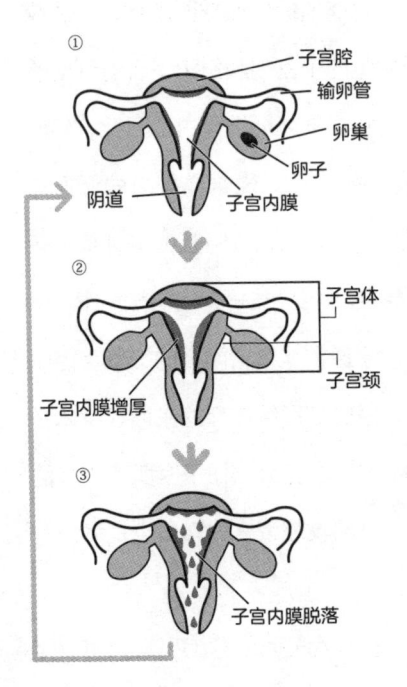

①  
子宫腔  
输卵管  
卵巢  
卵子  
阴道  
子宫内膜  

②  
子宫体  
子宫颈  
子宫内膜增厚  

③  
子宫内膜脱落  

①左右卵巢都可以排卵，然后卵子进入输卵管。

②如果输卵管的前端有精子，和卵子结合的话，就会形成受精卵，经历一周左右就会到达子宫。这段时间内，子宫内膜会变软增厚，形成易于着床的状态，然后受精卵附着在内膜上，这就是怀孕。

③如果卵子没有受精，子宫内膜就没有必要变软增厚。那么子宫就需要回到原来的状态，此时已经变软增厚的内膜就会因为过重而脱落，脱落下来的就是经血。其中不仅有血液，还有宫颈黏液、子宫内膜碎片和阴道里的分泌物。血液在月经的前两天占比约40%，第三天约占30%，第五天以后基本就不含血液了。

这个过程每月（平均25—28天）都会重复一次。

经历过生理期的女性应该很清楚，经血并不是普通的血，而是有点黏稠的质地，量大的时候还会混杂着块状物，并且经血就算接触空气也不会凝固。大家知道原因吗？一般情况下，血液接触空气后发生凝固是由于血小板和纤维蛋白原的作用。血小板的特点就是一旦接触异物就会黏附在上面，集聚成组织结构；此外，由纤维蛋白原转换成的纤维蛋白是一种纤维状的蛋白质，它能捕捉红血球而硬化，变成胶状（果冻状）。然而，经血中的子宫内膜组织里含有纤溶酶（纤维蛋白溶解酶），正是它在破坏纤维蛋白。因此，经血才不会凝固（凝固的话就糟糕了）。像这样排出的经血总量在20—150毫升，量多量少因人而异，不过100毫升算是多的了。不论是多是少，这些经血要花5—7天排出体外。作为经血流经的通道，子宫颈管通常是紧密闭合的细管，经血往往很难顺畅流出。但因为经血是已经废弃的东西，身体必须想办法排出去，因此，子宫肌层会分泌使子宫肌肉收缩的前列腺素，促进经血流出。肌肉收缩带来的疼痛也是痛经的原因。

实际上，前列腺素也会在分娩的时候分泌出来，用于促进子宫收缩，引起我们所说的阵痛。所以痛经和分娩阵痛的本质是一样的，也可以把月经叫作分娩的训练，或者小型分娩。痛经（机能性月经困难症）在年轻人中多发。比起小学时期，女性到了初中，荷尔蒙的分泌开始变得旺盛，因此经血量会变多。知道了月经背后的原理，大家对这一现象就更容易接受了吧。尽管知道其原理也不会让痛苦消失，那也比一无所知地认为"不想当女的！""做女人太亏了！"要好太多，毕竟知道原因才能想出对策。

## 缓解痛经的几种方法

伴随月经到来的是腰腹部的痛感，对此，有人没有太大感觉，有人却觉得非常痛苦。疼痛剧烈时，无论工作还是学习都不能专心，会坐立不安。我看了一位医生写的书，里面提到了以下几个缓解痛感的方法。

### 忌冷食，亲热食

我们把痛经的原因看作子宫收缩导致的血液循环不畅，

骨盆内有淤血的话，那么让血液流通是最为有效的方法。从健康的角度来讲，诸如薄内衣和超短裙这些是最不利于女性经期身体的。所以时尚穿搭也要考虑到月经周期。睡前悠闲地泡个热水澡，喝些热饮也能缓解不少。虽说要避免剧烈运动，但也不能一动不动，适量运动一下会更好，还能转换心情。在我讲道"以前人们常说月经期间不能泡澡，就算要洗也要排在一家人最后"时，学生回应："现在也有这种说法。"我有点惊讶，怎么现在还有这种说法。事实上，月经期间，阴道黏膜会变薄，由于一直在出血，阴道就很容易受到各种细菌的感染。所以，月经期间是不能最后泡澡的，反而要最先泡澡。而且泡澡的时候，经血并不会突然流出，但会在淋浴的时候流出。所以考虑到礼貌问题，在泡完澡出来后，要检查一下是否有出血情况，尽量不要让血流在浴池里面。在经血较多的第2—3天，如果实在在意的话淋浴也可以，但总归是泡澡比较好。此外，还有一个缓解痛经的方法：穿着上衣泡个脚，用微烫（42℃左右）的热水没过脚踝，浸泡15分钟。

### 别忍着，吃止痛药

虽然不吃药也不至于太痛苦，熬过了生理期就好了，但如果每次因为痛经而影响到学习、工作和日常生活的话，专家建议还是尽快服用止痛药比较好。如果每月最多吃两三天，就能让自己舒舒服服地度过生理期的话，那么为什么不试一试呢？比起一直陷入负面思想，憎恨、抱怨自己的性别，通过吃药来缓解的对策可积极多了。

### 也可以口服避孕药

比起避孕，口服避孕药更多地被人们用来调理月经。口服避孕药是一种激素药，所以女性能通过按时吃药来调节激素，以控制月经周期。除了用来治疗月经不调，避孕药也可以用来减少经血量。不过在日本，口服避孕药是处方药，不能随意购买[1]。但正因为如此，当今时代的女性才更应该勇于做出自己的选择，去守护自己的身体和性健康。

一般情况下，女性的生理期是4—7天（月经周期在25—

---

1 有些国家允许在药店随意购买，也有国家通过医疗保健机构免费发放。

28天）。假设生理期的平均时长为5天，那么女性一生中将会有35—40年要和月经相伴，如果这期间没有怀过孕，就相当于一生之中有超过六年半[1]都处于生理期。想想就觉得很不容易，对吧？因此，我们要把月经当作一个关乎长期身心健康的问题来认真看待。

## ▌ 渐增的月经烦恼

我虽然一直在讲性知识，但其实一直不清楚子宫内膜异位症是什么病。光从字面意思来看，一直以为是子宫内膜有炎症或者别的什么症状。通过和大学生交流月经的事，我自己也学到了新的知识。

原来，子宫内膜异位症是指，每当生理期脱落的、本该和血液一起排出体外的子宫内膜，有一部分滞留在子宫内部，发生增生，异位到肌肉层或者和腹膜、卵巢、输卵管、肠道等相黏连的病症。此时生理期的经血会变成糊状物，并

---

[1] 引自《轻轻松松，拥抱"月经"讲座》（松本清一主编，文光堂出版社2004年版）。

引发炎症。所以它不仅会引起痛经，还会引起同房时、排便时的疼痛以及腰痛，也可能导致不孕不育，是一种相当棘手的病症。

不过，对此可以采取激素治疗和手术治疗。另外，还有各种各样的疾病能引起痛经，比如子宫腺肌病、子宫肌瘤等。因此，如果生理期一直痛经的话，不要强忍着，要主动去确认原因，对症下药，还要了解相关诊疗机构，积极治疗。

上课时，我呼吁道："大家共享一下因经期的困扰、不安或相关病症而去过的医院吧？有没有让你觉得可以放心交流的，面诊时感觉不错的地方推荐给大家的呀？"没想到立刻收到了反馈，学生们列出了好多推荐名单，我也同步分享给了其他同学们，当时学生们奋笔疾书做记录的场景令我记忆犹新。

月经是女性一生中重要的一部分。如果能够自己发现或者经人介绍一位靠谱的医生，并且无论发生什么问题都能和这位医生轻松交流，那对于女性而言将是一大幸事。想必很多人都想拥有这种类似于家庭医生或是靠谱的医院或诊所吧？不过，我不是专业的医生，也谈不了更专业的内容，就只能向大家推荐几本书[1]，大家若有时间可以去看一看，试着去做自己身体和性的主人。

据说，近年来，年轻女性在子宫和卵巢方面的问题也逐渐增多了。很难说是什么原因，确实和以前的人相比，现在的女性无论年龄大小，和月经相关的问题大幅增加（而和怀孕、分娩相关的问题比例则降低不少）。对此，有人说可能现在女性的子宫和卵巢大多处于疲惫状态。因此，以前年过30才会出现的各种疾病逐渐呈现出年轻化的状态。除此之外，压力、饮食习惯、冷气设备、服装等生活环境的变化也是一些相关诱因。所以，无论如何，我们还是要掌握在这个时代中生存的智慧。

## 希望所有人都能了解的女性生理知识

大家读到这里，应该已经知道了：男性和女性的身体、

---

[1] 《呵护女性健康从子宫、卵巢开始》（安达知子主编，讲谈社2003年版）；《第一个女病人》（对马琉璃子著，PHP新书出版社2004年版）；《从妇产科的窗口看"性"》（河野美代子著，儿童未来出版社2014年版）。

内心和性方面最大的不同是由激素引发的。特别是女性，其体内的雌激素和黄体酮（孕酮激素）互相影响，它们会像浪潮一样在体内不断波动，从身体深处影响女性的身心。与之相比，男性则没有这种激素的波动。

其实，给女性身心带来巨大变化的主要是黄体酮。包裹着卵子的卵泡在排卵后会迅速转变成一种富有血管的腺体样结构——黄体，而黄体酮则是由黄体分泌的天然孕激素。在月经周期后，黄体酮会使子宫黏膜内腺体生长，子宫充血，内膜增厚，为受精卵植入作好准备。受精卵植入后，使之产生胎盘，并减少妊娠子宫的兴奋性，抑制其活动，使胎儿安全生长。之后，黄体酮与雌激素共同作用，促使乳房充分发育，为产乳做准备。每年每月，女性的身体内都在重复这样的变化。有些女性在排卵期过后会感到乳房胀痛就是这个原因。

前文提到，黄体酮会让子宫内膜增厚，变得更加柔软。其实女性身体在发生像这样较大的变化时，体温会升高0.4—0.5℃，这就是所谓"黄体期高温"。

女性在黄体期高温状态时，保持着易受孕的状态（实际上，就算已经受孕，黄体酮也会持续分泌，女性依然会处于高温状态），所以此时身体会储存充足的营养和水分。因此，女性在这一阶段容易表现为：食欲增强，想吃主食和甜食；由于体内水分较多，身体会出现浮肿，体重也会莫名其妙地增加；容易头痛；等等。女性身体在高温期持续过程中，不会进行下一次排卵，所以也不会怀孕，也就是所谓安全期。但是从身体状态来看的话，女性此时已经处于受孕状态了。因此这一阶段，女性的性欲会降低，我们也可以称之为性冷淡期。月经开始后，女性身体的温度下降至低温期，等到月经结束，又要迎来容易受孕的状态，一般来说这期间就容易性欲高涨。由此可见，从生理机制上来说，人的性行为就是"生殖"行为。当然，人们的生活、心理、情感错综复杂地交织在一起，也会引发欲望，所以性欲并非只是那么简单的问题。

希望大家能意识到：由于男性没有这种生理波动和周期变化，所以，如果他们不了解甚至不顾及女性的身体状况，就很容易导致双方的关系产生裂痕。知道现在的自己和对方处于什么状态，对于打造亲密关系起着决定性作用。

说起周期，若卵子未受精，或者受精后未着床，黄体会在维持约14天后萎缩,黄体酮也会急速减少。此时女性身心容易感到不安,我们称其为经前综合征(premenstrual syndrome,PMS),表现为情绪低落、情绪不稳定、焦躁不安等。当然这种表现也因人而异,有的人表现比较明显,身体会浮肿,同时伴有剧烈的腰痛、头痛,会长痘,以及难以控制食欲等。对于上述状况,大家可以提前了解其原因,然后根据个人情况寻求医生指导。如果男性能知道这些知识,并充分了解女性所处状态的话,也可以更好地回应女性。要想打造双方舒适的亲密关系,我们就更需要互相学习、了解。

在一位男同学的课堂报告中,我看到了这么一段让人欣慰的话:

---

今天的课堂上,我第一次了解到这么全面的女性相关的性知识。在此之前,一听到女性的性、生理等字眼,我就会有一种下流、淫秽的印象。自己从来没有认真思考过这件事,就更别提去了解诸如"激素变化会引起女性身体和心理状态的变化,甚至影响性欲"等这类知识。真的很荣幸能够

听到老师的讲座。

我想,如果男性一直是通过想象去了解女性,而不是接触真实的女性相关知识,那么男女之间就会因此产生摩擦、怨恨,甚至互相伤害。一想到这些我就不禁叹气。不过,叹息的同时我也更加坚定,正因如此才要努力促进男女之间的理解。

大家是怎么认为的呢?

## 05

若双方并不享受,就算不上是一场性爱

## ▋ 将思想汇聚成语言，互相倾诉

第二章中提到，比起爱，理解、同意、安心、安全、舒适的性关系更加重要。对于一段关系，只有能在其中切身感受到这五个关键词，才算得上是"真正的爱"。这章内容就是关于这五个关键词的理论和实践。

首先，我想先针对"舒适"这个词来进行探讨。"舒适"这个词在字典上的意思是"心情非常符合身心状态，舒服"，和本章标题中的"享受"一词在表达和意思上是相近的。此外，我在本章标题中刻意加了"双方"这个词，我想表达的意思是，不能只追求自己单方面的快乐。可以在双方同意的基础上帮助对方获得快乐，或是与对方一起感受快乐，当然也并非两人就必须要始终保持一致，可以根据双方的状态随时调整。总之，无论哪种情况都需要征得对方的理解和同意，否则就容易在性爱过程中产生屈辱的感觉，甚至由此引发出恨意。我们始终要牢记，性行为是两个人的事。

## 如何看待性带来的快乐

听到"快乐"这个词，你会有怎样的印象？"舒畅快乐"原本是一种美好的状态，但不知为什么总是给人一种不认真、不好、无用、没价值的感觉。我曾经就这么认为（或许不仅是我有这样的想法）。但仔细想一想，我们辛苦努力地活着，不就是因为在辛苦之中或是在辛苦之后，能有让人感到舒畅快乐的事情吗？正因为我们对此深信不疑，才能够生存下去。当然，这种舒畅快乐的感受不是每个人都能体会到的，也会因人而异，毕竟每个人的感受都不同。

其实，我们在性爱中所追求的也正是这样的快乐。首先我们要老实承认，我们想建立性关系、发生性行为，正是期待着某种舒畅快乐之感。

性行为的其中一个目的就是生殖，这也是我们人类之所以能延绵不绝的根本。但是，人类是唯一能够避开生殖进行性行为的生物（严格来说黑猩猩和倭黑猩猩也能），就是为了快乐。但这种快乐并不能轻而易举地感受到或得到，因为性行为的前提是要有一个对象，而且两人之间的关系好坏决定着快乐的有无。也就是说，这种"快乐"是基于一种"共生的性"。这当中既包含人类的性的复杂性，又有因此而产生的丰富体验。关于这一点还需要我们继续深入思考。

## 身体的（肉体的、生理的）快感和内心的（精神的、心理的）快感

首先，我们把身体和内心分开进行讨论。人们在谈到性带来的快感时，通常只强调肉体、生理上的快感，其表象就是达到高潮。相比于女性，男性更容易体会到这种感觉，因此人们就容易误以为性的快乐就是属于男性的，是男性通过射精获得的体验。尤其男性在小时候就已经发现触摸阴茎会让心情舒适，之后就学会了抚摸性器官，并逐渐觉得自己已

经掌握了射精技巧，能够轻松获得性快感（事实并非如此简单）。这样的经历容易让男性形成一种单一的性认知。

此外，男性接触到的各种各样关于性的信息，也在不断重复和加深这些既有认知，因此，男性逐渐深信射精才是性带来的真正快乐，是性快感的核心，性爱就应该是这样的。考虑到男性的普遍经历，他们这样的逻辑，也并非没有道理。但是他们对性的理解以及追求快乐、快感的方式，往往会使男性变得以自我为中心，最后甚至会把对方逼入绝境，让对方痛苦难过。既然如此，为了获得射精的快感，疏解压力，男性自己一个人完成就行了，毕竟对于男性来说，想要获得这种快感，不必劳烦他人就能实现，只要自己愿意就行。我把这种行为称为"自我愉悦"。当然这不只针对男性，对女性也同样适用。因为没有人能一辈子都拥有性行为的对象或伙伴，生离死别谁都会经历，倒不如说人生当中可能没人陪伴的时间更长。就算身边有人陪伴，每个人的感情、欲望、意愿都各不相同，如果无视对方强迫性交的话，无论对方是配偶还是恋人，都会构成犯罪。在这种情况下，我们就有必要压制甚至放弃获得快感的欲望，或者分散注意力到其他事情上。所以，我认为自我愉悦也不失为一种释放压力的方式。

## 何为内心的快感、快乐

"在和对方进行性行为时，你想要获得什么？"想必很多人都有过这样的疑问吧。我的回答是："通过互相接触产生的安心感和一体感来得到快感。"或许你会说："这不就是身体的快感吗？"但我更想将其定义成心理上和精神上的快感。因为皮肤这一感觉器官是心的窗口，被称为人的第二大脑，和什么样的人接触、被怎样接触，取决于那个人本身的存在价值。也就是说，相比于动物间只是性器官在匆忙之中交配，人类的性行为则更为复杂。人们会在性交时抚摸、拥抱，即愿意花费大量时间尽可能地舒展肌肤与肌肤之间的接触面来体会"合二为一"的感觉，并非只追求插入或射精到达高潮这一目的。而要想达到"合二为一"的状态，有一点十分重要，那就是需要双方彼此信任，也就是说即使把自己的隐私完全袒露给对方也能感到安心和信赖。

上文中提到，人可以通过自我愉悦得到生理上的快感。但有时一个人也会感到空虚或者不满足，这正是因为缺少了和他人的亲密接触。而有一些人则会用金钱去"雇用"某些"专门的人"来解决这种不满足，这便是嫖娼的部分原因。

肌肤与肌肤的接触能够带来某种安心感和快感，随之还会产生一种自我肯定感和疗愈感，这点从儿童时期的亲子关系当中也很容易就能想象到。尽管这并非一定和性相关的欲望有着直接联系，但它是性爱的基础。

对性的关注和欲望，一般会通过互相接触的安心感、一体感和快感的形式展现出来，不一定都集中在伴随插入动作的性行为中，甚至很多时候可以通过精神上的快感来满足。但如果安心感没有被满足时，女性就很难面对对方单纯插入行为的性欲。当然，以上只是一般情况，并不是所有人都如此，或者这样才算正常。

我把"对性的欲望"说成是"追求性快感的欲望"，将"性快感"分解成生理上的快感和心理上的快感，旨在帮助大家弄清楚自己的追求和对方的追求，从而改善双方的关系。我曾告诉我的学生，要以双方的自我变革和成熟的亲密关系为目标,这一点十分重要,只有二人共同努力才能成为最棒的伴侣。

来上课的学生当中,很多人都有过多次性经历甚至是失败的性经历,或许早点学习这些知识能避免一些失败。但反过来说,失败也能让人们在性方面的认识更加丰富,并通过克服失败变得更聪明、更温柔、更深刻。问题在于采用什么样的方式来克服。接下来的内容将讨论面临新问题和新挑战的人可以采取的措施,如果能对各位稍有裨益,我将不胜荣幸。

## 心灵相通,离不开将思想变成语言的能力

以下是一些男同学们的课后报告:

---

现在我和女朋友已经交往两个月了,今天课上讲的性强迫相关内容使我感受颇深。我想,要是不做爱她应该会不高兴吧。周围的朋友总对我说不要太早,但杂志上的问卷调查统计说2/3的情侣在刚交往的两周内会发生性关系,对此我感

到非常焦虑。但是我现在想明白了，我不应该这么想，而是要更加珍重精神上的联系。

———

男性追求生理上的快感，而女性追求心理上的快感。关于这一点，我感受颇深。我和女孩子约会时，经常会烦恼应该做到何种程度才好。虽然并不是要做爱，但又怕她会失望。最后发现自己的担心都是多余的。

———

虽然我还没有过性经历，但我以前一直都认为男性必须在性方面处于主导地位。在听了老师的课之后，我明白了双方真诚的交流和努力才更重要。有时也可以依赖对方，但不事先跟对方说明就想擅自领导一切的心理是不对的。之前一直有一种紧迫感，觉得男性就应该主动，但老师的话安慰了我，我现在明白了，和对方真诚交流必不可少。

———

这次的课很大程度上改变了我对性快感的认知。我意识到自己一直以来都是在一个偏男性的扭曲化的信息世界中成长的，甚至可以说整个世界都充斥着这些扭曲的信息。从这一点来讲,我受益很大。

———

您说性快感分为生理上的快感和心理上的快感,我觉得大部分的人想感受到的是心理上的快感。如果自己没有意识到这一点而总想填补内心的空缺时,就会走向追求生理快感这条路。如果仍没得到满足,就会越发渴求生理上的快感。这样的恶性循环经常能在男性身上看到。这种思维会加深男性对"快乐的性"的误解,最终变成"下流的性欲"。心理上的快感能消除这些误解,我觉得理解到这一点很重要。

与其说男女之间相互理解比较难,倒不如说是人和人之间互相理解都挺困难,特别是一旦沾上和性相关的问题时。但是大家若能互相坦诚地表露情感,也不至于多出很多困难,毕竟我们同属一个物种。而要想相互表达内心的想法,就需要有将思想转变成语言的能力,同时,还需要有想要表达的意愿和将其转变成语言的想法。

## 摆脱成见和固有观念

以下是一些女同学们的课后报告：

———

在学习今天的课程之前，我对性一直都有偏见。在听了老师的课之后，我才真正地放下了戒心，想寻找一位能成为伴侣的男性。老实说，我周围的朋友们总是在说想找个男朋友，但我对这件事不太积极。但当我听到老师说在性方面要主动时，我觉得更没必要焦虑了。我想寻找一个真正能从心底里成为伴侣的人，一个能和我在心理上合一的人。

———

"男性总是觉得就算自己不想做爱对方也想做"，我对这句话深有同感。同样"女性通常寻求心理上的快感"这句话，我也很认同。有时我只是想通过一起睡觉来获得安心感，但不知为何对方就会在中途提出做爱需求，这可能是因为我们对性的理解完全不一样。听到老师说，只有10%的女性能到达性高潮，我松了一口气，我曾经还以为自己得了性感缺失症。还有，对于老师提到的"即使做爱也不接吻"的情况也非常符合我,想到最近和男朋友都不怎么接吻了,这让我感到害怕。我深刻感受到,相比做爱,或许还是接吻更让人感到亲密吧。

———

我觉得这节课非常好。人类的性行为是理性的,必须要更加深入考虑,这个时代的年轻人都应该意识到这点。一个人如果没有坚定的自我认同感,那么离自我毁灭也就不远了,我对此深表认同。我们应当认真对待性行为,将其当成是自己切身相关的事,同时认真理解对方并学习男性相关的性知识。

———

若一个人的自我认同感低,或在孩童时期有过性行为,就很容易毁灭自己。对于这个说法,我受到了强烈的冲击。我此前都不会这么想。

———

"像这种在精神尚未成熟的阶段发生性行为,有可能会引发服从、支配、DV相关的问题",听到这个说法,我豁然开朗。还有老师讲到的有关男女对性欲的分歧也让我收获颇多,虽然我还有点不大明白。不过这节课给了我一些参考。

我和现在的男朋友发生了很多事，今天我想清楚了我要分手，我想重新开始一段良好的亲密关系。

―――

至少现在我在性方面是追求心理满足的，当然我也重视身体上的快感。因为，我曾在做爱时感受到过自己和伴侣双方都感到幸福和满足的"合二为一"的状态。但是，我和伴侣所欠缺的是没有把这些感受向对方坦诚表露过。有感受或想法却不告诉对方，那么对方就容易产生各种不安和疑问，但又碍于要维持性关系，这种情况是最难受的。要是我能早点意识到就好了。

―――

曾经和一个男生刚交往时，有一次他说想抱抱，最后我们却发生了性关系。追求心理快感的我和认为性爱就等于插入的他，在这件事情上产生了分歧。那一次经历使我感到很尴尬。听了今天的课，我十分感动，今后要是交了男朋友，我会尽量去建立一个能互相倾诉、互相理解的关系。

―――

过去的我只单方面重视性爱中的生理快感，忽视了心理快感，也没有体会过性爱会提升自我价值甚至激起生存欲望的这种感觉。在双方的关系里若不把交流作为前提，最终就会变成单方面的逼迫。

———

我之前听到过有人把"性"分为"生殖的性"与"快乐的性"，但从未听说过从如此积极的角度去分类。说起性的快乐，整个社会的认识都偏向于生理上的快感。事实上，曾经的我也是这么认为的。在今天的课上我第一次知道了（倒不如说是注意到）心理上的快感这一说法，这是非常重要的一种价值观，这将改变今后我和异性交往时的思考方式，也改变了我对同性恋的认知，今后我将更加认真思考这些问题。

大学生已经是成年人了，他们能够很好地领会我所说的内容，且拥有能将自己的体会表达出来的能力。看到他们能认真思考并理解我讲的内容，我很感动，同时心情也很复杂。因为对他/她们而言，这是第一次有机会听到这些内容，让我不禁感慨，当务之急是要让更多的人了解到正确的性知识。

---

对人类来说，"快乐的性"一直都是一个深远的主题，但是以此为主题的教育被认为是野蛮的，因而常常被轻视。正如老师所说，我们是"性的主体人"，因此坦率地教授"快乐的性"相关的知识难道不好吗？这方面的教育也会让现在的社会变得更加丰富多彩吧。

---

快乐的性会激发起一种对生命的渴望。这个说法让我印象十分深刻。性爱会让我们感到自己在活着。有些人对性爱的快乐持否定态度，我曾经也这么想，但这节课让我稍稍发生了改变，非常感谢老师。

---

性爱的快乐会提升自我价值感，并能激发起人对生命的渴望。确实如此。在课上，当我听到老师说，通过想象力使快乐倍增（即使没有接触）这一点十分重要时，我突然想到过去那些未能获得回应的激烈情绪，好像这些情绪和体验瞬间变得珍重无比。如今的我能够骄傲地回忆过去那些单恋时

光了，而不是感到羞耻。我现在交往的人曾经和好几个女人发生过关系，但他是我的第一次。我们在一起已经超过一年半了，我心里总觉得自卑，不过现在，这样的情绪终于变淡了。

———

我曾认为性带来的快乐是可耻且下流的，但是老师说，成为性的主体并不丢人，反而会让人产生对生命的渴望。听到这个说法我很吃惊，但心情稍稍轻松了些。此外，老师讲到的关于男性和女性差异的话题也非常有趣。老师把一些事先了解比较好的事情，不，应该说是必须事先了解的事情告诉了我们，这让我们非常受益。

———

当我了解到性欲不单是寻求生理上的快感，更多是心理上的快感时，做爱和性欲这样的词带给我的羞耻感就越来越弱了。但当我使用"羞耻"这个词时，我发现自己早已在心中形成对性欲的偏见和固定认知。这也是无可奈何的事，因为我生活在日本社会，媒体和社会普遍的价值观让人们产生了这种观念。这节课让我意识到了这一点。仅仅是这一点改变，对我来说就已经是一场巨大的意识革命了，我觉得非常受益。

以上是学生们写的一些课后感想。接下来我将继续分男女来分别介绍更加深刻的报告,首先从女性开始。

以下是一些女同学们的课后报告:

---

最近,我越来越觉得自己是男朋友发泄性欲的工具了。相比身体上的快感我还是更追求精神上的快感。之前,我们在做爱的时候,我常常在想我在干什么。我不太会拒绝男朋友的要求,我明明很喜欢他,但最近开始讨厌做爱,我更想获得一种安心感。之后我逐渐明白了,做爱有时并不是让自己暂时放松,而是自我毁灭。我在读高中的时候曾有过性行为,对方对我说"你属于我",这让我很高兴。但现在如果有人再这么说,我就会发火。可见,身心都还是个孩子的情况下,发生性行为是不好的。

---

我曾经和前男友在刚开始谈恋爱时,一起去了很多地方,遇到困难时也会相互交流,他总是为我提供精神上的

支持，我对他非常有好感同时也感到很安心。但是渐渐地，我发现他不再那样认真听我说话，在一起时也老想着快点做爱。刚开始我以为这是他对爱情的表达，但后来每次见面，他都求着我做爱，不再关心我的身体状况和内心世界。我开始怀疑，他是不是把我当成了他欲求不满的宣泄口。我对他说："你如果只是想单纯找我发泄性欲的话，那我们就分手吧。"后来他虽然反省了一段时间，但似乎并没有真正理解这件事情，所以我们最终还是分手了。从这次经历中，我也在思考为什么自己会如此讨厌他的这种表现。结果正如今天的课所讲的一样，是因为我缺乏精神上的安心感。只有将重点放在精神上的交流，才像个人吧，基于精神交流的性爱，我认为才能称为爱情。

―――

我曾认为性行为归根到底就是繁衍子嗣，但现在我知道了，它也是为了双方分享快乐。这样想来，同性间的性行为也就可以理解了。此外，患有严重残疾的人有性需求也是理所当然的，但我之前并没有想到这一层面。在听了老师的课后，我的感受非常深刻。此前在做爱时我认为只要不怀孕就行了，从来没想过要享受这个过程，也不知道其实双方都在期待着舒适的性体验以及相互诉说想法，等等。事实上我们是有彼此进行深入探讨的需求的。双方能深入探讨，对男性而言是一种什么样的体验我虽不清楚，但对女性来说，从中能获得一种安心感，会非常高兴。

―――

每次触摸到对方时都有一种特别平静的感觉，今天我终于了解它的"原理"了。这是因为双方都获得了精神上的快感，所以关系会更加亲密。在性爱的高潮时刻，我们会忘却所有，眼里只有对方，这是多么美妙的时刻。正是有了这种体验，我们才能更加珍重彼此吧。我喜欢在完事之后和对方边放松边谈天说地，对此我感到很幸福。我想，交流的方式有很多种，但两个人感到快乐高兴才是最重要的。现在我构建了一种能够和对方互相表达的关系，我觉得自己很幸福。我真的好期待把今天的课讲给我的男朋友听。我想我们正是老师所说的"最佳伴侣"吧。我还会更进一步做得更好！

―――

我大概一个月前和男朋友分手了，之后我开始和还没怎么深入交往的人发生关系，而且越来越多。有时我也会对这样的生活感到空虚，听了今天的课之后，我在想我到底在做什么。只因为觉得寂寞就和各种各样的人发生关系，但即便如此，我也没有感受到老师所说的身心一体感和安心感。因为我很随便，所以对方也十分敷衍。或许我一直都在被人随意对待吧。这节课让我学到了新的知识和思考方式。

———

和男朋友已经交往四年了，我很喜欢刚开始时和他保持的柏拉图式的爱情，但和他发生性关系后，我感到我们在更深处相互连接着。我想是因为我获得了安心感。老师说性的连接表现了情侣间回归到母子之间的状态，我想确实如此。因为男朋友平时很严肃，性格也很率直（比我大四岁），但在做爱之后就像个可爱的孩子一般，这样的反差十分有趣。他抱着我的时候，一定会钻到我胸部的位置，也就是仰望着我的姿势。对他来说，这就是所说的那种安心感吧。这应该也是返童现象的一种，我亲身感受到了互相抚摸所带来的变化，真的很美妙。

我重新思考了性爱的意义。身体上的愉悦固然重要，但心里的舒适更能维持一段良好的关系。我男朋友之前只在乎自己舒服，他让我觉得性爱是件麻烦事，我并不喜欢。但现在的他能注意要让我心情舒服，在做爱时我们抚摸的时间很长，即使不插入，我们互相也都能满足。仔细想来，在性之上也能构建另一种和谐的关系吧。他说经常抚摸我他自己也会感到心情舒畅。现在我也觉得很高兴而且学会了坦率地向他表达感情。我切身感到，构建良好的性关系，是需要两个人共同完成的。

## 性是一个复杂的问题

以下仍是一些女同学们的课后报告：

今天的课让我学到了做人的根本，真的受益匪浅。我全程都在专心听讲。我发现了我在做爱时追求的正是精神上的愉悦。和他刚交往的那段时间里，仅仅只是被抚摸我也会感到高兴、满足，但随着长时间的交往，我们都开始关注身体上的快感了。他觉得自己的前戏时间短，我也不知道如何调整。

---

最近我们都很忙没怎么做爱，但牵个手就能表达和确定互相之间的感情，所以也觉得十分满足。从这样的情绪出发，我们产生了想做爱、抚摸对方和互相拥抱的欲望。老师的课再次让我觉得，这些非常重要，我会好好珍惜这些情感的。

---

今天的课上讲到了自我愉悦、一个人的性爱，但我觉得性爱还是得两个人共同参与才好。互相抚摸肌肤和性器官，感受爱与被爱，我觉得这才是性爱的美妙之处。所以若是和不喜欢的人发生关系，肉体虽然会有愉悦感，但心不会（在之后，肉体只会感到后悔）。我是在遇到我现在的男友之后才有了这些感受的，遇到了他，我才知道什么是真正的性爱。我过去一直都更注重肉体上的满足，虽然有点讨厌这个事实，我也常常想要是能更加自重就好了……但过去的我渴求被爱，只想追求肉体上的满足，做爱时才会一瞬间感觉到自己或许在被人爱，才会觉得放心。但如今我明白了那只是

表面的爱，是一种悲哀。因此我对能够填满我经常感到寂寞内心的他非常感谢。遇到他之后，我感觉我在性爱中也变得更主动了，有时觉得自己是不是变得很淫乱。听了课之后我安心了，因为这没什么不好的，我是在享受性爱。当我听了别人的感想时，我才发现有那么多的人都在经历一种痛苦的性爱，这让我很吃惊。相比被动，积极主动的性爱才是一种幸福。大家不必感到不好意思，都变得主动起来才好。

---

对人类来说，思考性到底是什么很重要。我津津有味地听了老师所说的有关心理快感的话题。如老师所说，男性中有不少人根深蒂固地认为性爱就是身体上的插入，但在我看来，我更看重心理上的满足。因此，双方都去追求能让彼此感到满足的性才是最好的。一个人也能获得的生理快感，为何还想要和他人分享呢？人类的性愉悦和内心有着密不可分的联系，这让我感到有趣和美妙。人能追求温暖并彼此相爱，所以我们不应该用下流等词来形容人类的性，要知道这是一件很美好的事。或许是因为我遇到了现在正交往的男友，才有了这些想法吧。我们已经交往三年了，但第一次的

性爱是交往了一年半的时候。周围的朋友都觉得太奇怪了，但对我们而言这并不是什么奇怪的事。慢慢地我也开始不安了，我想我会不会感受不到性欲了，而这时他正式向我坦白了。他说他没有经验，他有个朋友因为不会插入而被女朋友甩了，然后他害怕自己要是也这样了该怎么办，所以他总是担心我会不会因为他不会做爱而离开他。他很不好意思但又很认真地讲给我听，我其实非常高兴。所以我也把我的想法向他坦白了。我说，即使不会做爱也不必那么在意，不能因此就别别扭扭地交往，也没必要急着做什么，两个人一起面对就好。之后我开始一个人生活，自从他开始来我这过夜后他就自然而然地学会了。能遇到如此关心我身心的他，我感到非常幸福。当你被人珍惜之后，自己就也会想去珍惜别人。人拥有感情真是一件非常美好的事。在听了这节课后，我想更加好好地珍惜自己和对方，谢谢老师。

———

这是一节让我思考很多的课。性行为不是谁为了谁去完成的，其中必须具备相互性、平等性。这一部分的内容打动了我。我想包括我在内的女性多多少少都会认为性行为是为了帮助男性而进行的吧。现在我和男朋友相处得不是很好，但在听了老师的话之后，我才意识到男朋友其实在努力珍惜这种相互性，我却对他不够理解。

我明白，对女大学生而言，性相关的问题确实是处于旋涡之中的话题。在这个旋涡中，每个人都在努力生存着，我在她们的面前谈论有关性的话题，也会感到浑身紧绷，很有压力。有的学生还没有对象或者没有过性体验。这些学生说，很庆幸能在体验性之前听到这么多相关知识和案例，今后会将这些作为参考来面对类似的问题。下面，我继续分享一些男大学生的声音。

以下是一些男同学们的课后报告：

———

上中学的时候看过好多色情杂志和AV，发现里面的性爱一定会伴随着插入。因此，这种观念在我的脑海里根深蒂固。但是当我听到老师说性爱是肌肤与肌肤的互相接触时，我很有共鸣。此外，在性爱中必须确立起自我认同感，这一点我也有同感。现代年轻人对性的感觉，就像是男女联谊之后去开房一样，在某种意义上很飘飘然。我认为在双方花费长时间建立起互相信赖的关系之后再发生性爱才是正常的。我希望自己能够做到这一点。

———

我在想，我有认真思考过性欲为何物吗？我发现，对我来说，想和女朋友做爱的想法和想互相拥抱的想法确实是分离的。而想要维持一段长期的情侣关系，性确实是很重要的一件事。通过这次的课，我更加确信我能构建起一种和谐的关系，对此我感到很安心。我会谨记不能不顾对方的感受就发生性关系。

———

迄今为止，我似乎都没有为女性考虑过，只顾着自己舒服。听了今天的课我开始深入思考为了什么而做爱。今后我会尊重女性的感受，选择能够让双方都得到治愈的性爱。

———

我从中学时期开始就有自慰行为了。我发现最近自慰让我越来越空虚了。自从和异性在初次性交之中感到体温的流动所带来的快感之后,我就喜欢上了那种感觉。以前我听到类似"比起生理上的性欲,心理上的性欲更重要"的话语时,觉得很虚伪,甚至会生气,但现在我越来越认同这一说法。我发现我只是纯粹地想要拥抱异性,感受她的温暖,填补空虚的内心。对于目前没有伴侣的我来说,这种感情越发强烈。如果女性也同样期望这样的交流的话,那我会非常高兴。今天的课让我重新认识了追求性快感的意义。我受益很多,自己的心情也得到了梳理。

———

这次课让我明白了人类的性快感分为生理上的快感和心理上的快感,尤其人类更加追求心理快感,这一点我非常认同。虽然我还没有过性经历,但我并不渴望抚摸性器官或是一些过激的性行为,而是期待和女朋友互相依偎,一边拥抱一边安静地共同度过夜晚。我想,这种时刻所感到的安心感一定是其他行为无法替代的。老师说即使是老人也渴望肌肤之亲。确实,肌肤之亲才是人类最基本、最具治愈力同时也是最能满足性欲的行为。

## 重新审视自己的性观念

我们暂停一下,稍后再继续分享男同学们的心声。不知道大家看到这里感受如何?我在课上讲过,自我愉悦(自慰行为)是为了自己舒服,而做爱是为了考虑对方的感受。

可以看出,大家都很懂事,都在认真写下自己的感想。当然,这些心声本来只是对我的课程的所感所想,所以我也推测不了全貌,但像上文中类似的情况绝不是少数。很明显,大半的学生都在重新审视自己的性观念和对性的看法。当然,如果高中生也能有这样的学习机会的话,说不定也会改变自己的行为和看法吧。

———

男女对性行为的认识确实有差别。男性在性交方面尤其容易持傲慢态度,用今天在课上所学到的词来说,就是经常只追求生理上的快感。我不是想对性交进行负面评价,但如果我们不正确认识性交的意义,就会很容易变得任性自私。我会珍惜和交往对象之间以相互抚摸为主的性爱方式。

我曾认为和异性的交际中性交是不可缺少的一环,现在偶尔也这么想。但是,我一直都觉得男性单方面向女性提出性行为要求是很奇怪的一件事。在性教育缺乏的日本社会,男性很容易从成人视频等渠道获得一些扭曲的认知。老师说,男性和女性交往的最佳状态,就是在一起时会感到安心,即拥有心理上的满足感。我也期待这样的交往。

人们经常会把性欲看作无法抑制的冲动行为,但听了今天的课,我才知道并非如此。老师对于"性的主体者"的观点让我陷入了沉思。今后我一定要记住,性爱需要为对方考虑。现在我也有了对我而言最重要的那个人,我不知道自己是否能说到做到,我还需要继续努力。

两个人的关系中最棒的体验并不一定就是性交,所以没必要拘泥于是否有过性爱。我对这种说法感到既吃惊又感动。今天这堂课真的太棒了,非常感谢老师。

———

　　通过今天的课，我对性需求的看法发生了很大的变化。老师说，人能通过互相接触得到安心感，我觉得确实如此，因为当我不能与人接触时就会感到寂寞。后面老师又说要肯定、坦率地接受性快感，一直以来都对自慰感到羞耻的我终于松了口气。

———

　　性交是通过生理欲望和心理欲望的相互作用而产生快乐感受的行为。这个说法让我很震撼。这样想来，同性恋者通过抚摸彼此来获得安心感就也非常自然了。我对于同性恋的成见和疑惑也终于解开了。我认为性交时追求生理上的快感绝不是坏事，但我更看重心理上的快感，能够感受到"在一起就是幸福"才是最重要的体验。过分追求性行为就说明缺乏心理上的快感。要说我自己对生理上的快感没兴趣的话那肯定是假的，但我更重视心理上的快感，更享受和恋人相处的二人时光。

———

　　我的性欲没那么强，也几乎没有自慰过。虽然确实能从自慰中获得快感，但正如老师所说，自慰过后只剩下空虚。所以我以前一直觉得就算不做爱也行。但我在初次体验到性爱所带来的快感时也震惊了，因为我发现性爱不仅能让你获得生理上的快感，还能从对方那里得到一种心理上的快感。

## ▌作为明天活下去的动力

我的性教育课是面向许多学生的演讲（或者说是演说会），所以我想说的内容不一定能原封不动地传达给每个人，在看了学生们写的报告后，也常常会遇到诸如"我要说的不是那个意思，不要误解我"之类的情况。对此我总是很不安，所以在讲课的时候也会专门选些防止被误解的词，毕竟所阐述的主题和内容真的很微妙。

以前，人们普遍认为：生殖=生产，快乐=消费。也就是说，体会快乐的过程并不会产出什么有价值的东西，或者说都是一些没有价值的无用之物。人们认为只有勤劳、勤勉才会产出新的东西，才是有价值的行为。所以，"性和生产、生殖关联后才有价值，单纯追求性快乐的人都是些不正经的人"。年轻人另当别论，年纪大的人（不单是年龄的问题）基本上都是这么认为的，因此他们更容易蔑视、轻视性爱。但实际上，他们还是会有意识地回避生殖而进行性行为，这不也是想要得到快乐吗？我们不仅要寻求生理上的快乐，也要寻求心理上的快乐。这样一来，我们追求的性，就再不是消费、浪费的行为，而是能够产生价值的行为。这样的性会激励我们对自己的身体、自我的存在做出肯定评价，会让我们产生一种依恋的感情，让我们觉得活着本身以及活着的自己，真是好啊。此外，相信自己能给予对方快乐（对对方而言自己有价值），以及在这样的关系中产生的自我肯定感、安心感和对生命的渴望，也是激励我们迎接明天的能量源泉。

不过，并不是所有的人都能够走上这条路。

---

性高潮所产生的生理快感和相互接触带来的心理快感是不一样的，这点很重要。老师说，如果仅仅追求生理快感，即使性行为是由两个人完成的，那么也和自慰没什么区别。

此外，老师对"生殖=生产，快乐=消费"这种陈旧看法提出了批判，这对我来说也是个新发现。

———

上周我在想，我应该是一个性冷淡的人，因为我完全不理解那些对性关注的人的心情和想法，我无法感同身受，对那一类人也不感兴趣。原本我就讨厌和其他人接触，初中的时候起就不愿意和别人触碰，所以一直在躲避。也没有人触碰过我。对我来说，聊天就是能让我得到安心感和心理快感的行为。我对异性朋友也很敷衍，被告白了好几次也都拒绝了。我和几位朋友说过我的情况，他们说这样也没什么不好，所以我一点也不在乎……但是我在网上经常被错认为是女性……

———

一直以来我对快乐的性都没什么正面印象，要说原因可能是我有性感缺失症，对性爱不太有欲望。我看到过很多男性过度追求快乐的性而伤害到了女性，比如利用女人的情感弱势让她们无法拒绝，然后酒后乱性……我觉得女性的自我保护意识过低也是个问题……其实我对喜欢做爱的人没有偏见，但是一想到这些，我就对追求"快乐的性"的人（特别是男性）感到厌恶。说实话，我讨厌男性对性的执着。我也是个追求心理快感的人，对方在我身边调会情，对我来说就足够了，也会觉得十分幸福。但在和女朋友的关系当中，我不太会说出自己的真实想法，为了让对方高兴，我也会硬着头皮做。因为很难说出"只想和你交往，不想做爱"这样的话，我怕伤害到对方。老实说，在我看来，和人交往时做爱是最麻烦的事了。我也很不喜欢自己这一点（我好像有射精障碍[1]，感觉我的症状很符合这个病症）。

---

我虽然是个男生，但也是更喜欢心理上的一体感，对拥抱和爱抚非常享受，因为我觉得能从中获得安心感。以前有篇报道讲起患有性依赖的女性，说她们是为了寻求温暖和治愈才依赖上了性。由此可见，人们在性爱中都是更想追求心理上的快感。我认为这一点不仅适用于女性，男性也是如此。

---

1　近年来，男性的射精障碍问题愈发严重。有的人虽然能插入，但无法在阴道里射精，原因有：自慰时被持续强烈刺激到了，受到了 AV 等成人视频不良的影响，只关注特定的位置而对其他的刺激难以产生反应，等等。

曾经，我只想通过自慰来获得性的快乐。但在自慰的过程中，我感受不到对生命的留恋，而是充满了罪恶感，甚至会出现贬低自我价值，生存欲望减退（我觉得这样的自己还不如死了算了）的现象。现在虽然没有了这样的想法，但我对它也没有什么正面的印象。我觉得自己对性或自慰这件事抱有偏见，就是因为自己在精神上还不成熟。坚定的自我认同感是发生性行为之前的必要准备。今后我应该重新认识性以及快乐的性。

## 迈向成熟男性的自我革新

看到学生们的报告，我不由地感慨，性的问题不是两腿之间的问题，而是两耳之间的问题，也就是大脑相关的问题。当然，学生自己意识到这一点，并不能马上改变或解决什么问题。尽管如此，我还是认为性教育是解开矛盾的契机。因为通过性教育，学生们可以把与性有关的事情用语言表达出来，通过语言进行总结，然后在大脑里进行整理和分辨。从他们的课后报告可以看出，我现在做的正是这件事。

———

听了老师的课，一直以来对性的刻板印象一下子瓦解了。我想，不一定非得是做爱的形式，只要两个人都能得到满足就可以了。每对情侣都有各自的相处模式，这样也挺好的。人类的性行为和其他动物的交配行为有着明显的区别，我对老师的这一看法非常有共鸣。我们人类的性行为不光是追求高潮，也是追求心理上的安心感，甚至更加看重后者。只把女性看成是性对象的人是悲哀的。

———

我是男生。或许是因为性别的原因，反正我更追求生理上的快感。要是把对方逼迫至不情愿的话，倒不如自慰，但如果发生这样的情况，我会非常渴望高潮。我讨厌这样的自己，觉得特别没有责任感，但为什么我会这么冲动呢？

对于"性"的这种矛盾心理，想必很多男性读者都有所感受吧。当意识到这一点时，就意味着你已经开始向成熟男性转变了。另外，也许是学生被我所说的"从高潮到满足"

的性体验所打动，不拘泥于性高潮而写了"两个人都能得到满足就可以了"。比起插入，反而是触摸、爱抚等行为更能体现心灵相通。我也说过，作为一种包含着相互珍惜、给予对方快感意义的、考验交流深度的行为，更应该重视非插入式性行为。有一位学生的报告里写道："我发现自己很久没有接吻了。"曾有女学生在报告中也写道，接吻就相当于把脸贴得更近，会了解彼此的心理状态，可能正是因此才会对单纯的插入行为感到不安吧。

---

今天听到了有关人类的性和男女不同的性心理。我平常没有机会接触到这些知识，因此非常受用。此前我在交往过程中感到疑惑的地方，今天也都豁然开朗了。老师的课让我们学到了作为人来说非常基础和重要的内容，即只有完善了自我人格，才能感受到与他人相爱的美好。


男性不能对女性抱有偏见，女性也不要一概而论把男性都定义为粗暴的人，大家要去感受每个人独有的性格。不要总是摆出一副什么都知道的样子,把"男人这种东西""女人这一物种"等口头禅挂在嘴边,这是很肤浅的认知。因为每个人都是与众不同的。我们不如将笼统的"男人""女人"换成"我""你",换一个角度去思考问题。我强烈希望大家能坦率地面对自己的情绪和对性的期望,更重视和对方的内心交流。

# 06

## 潜伏在你身边的危机

—— 衣原体、艾滋、梅毒和 HPV

谈到性带来的麻烦和不安，很多人会想到怀孕、意外怀孕等。除此之外，我还希望大家能多关注一下性传播感染（sexually transmitted infections，STI）。不过，我不是专业的医生，没能力给出更详细的解释，所以主要介绍一下性传播感染的基本情况以及一些相关的心理准备，希望大家认真阅读。如果你认为当下接受相关检查或治疗有点不好意思的话，那就说明这个年龄段发生性行为还为时太早。下面我们先以衣原体感染为例来分析一组数据（见表6-1）。

表 6-1　男女性传播疾病（STD）报告年表

| | 定点报告 | | | | 全数报告 | | |
|---|---|---|---|---|---|---|---|
| | 定点医疗机关数 | 性器官衣原体感染症 | | | 梅毒 | | |
| | | 总数 | 男性 | 女性 | 总数 | 男性 | 女性 |
| 2000年 | 879 | 37028 | 15856 | 21172 | 759 | 512 | 247 |
| 2005年 | 931 | 35057 | 15220 | 19837 | 543 | 411 | 132 |
| 2010年 | 965 | 26315 | 12428 | 13887 | 621 | 497 | 124 |
| 2015年 | 980 | 24450 | 11670 | 12780 | 2690 | 1930 | 760 |
| 2019年 | 983 | 27221 | 13947 | 13274 | 6639 | 4384 | 2255 |

·数据来源：日本厚生劳动省官方网站（2020年11月4日）。
·性传播疾病（sexually transmitted diseases，STD）。

## 惊人的衣原体感染率

衣原体感染是世界上传播最广泛、日本感染率最高的一种性传播疾病。若是继续放任不管，就有可能引发公共卫生方面的问题，甚至会造成更严重的社会问题。我先把事实摆出来，大家可以认真想想该如何面对这一问题。

## 症状不明显——早发现可以治愈

衣原体感染到底是一种怎样的病？我将把我学到的知识转述给大家，大家一起来思考一下。衣原体感染主要是由肺炎衣原体和沙眼衣原体的病原体所引起的。其中，沙眼衣原体又会引起结膜炎，所以很早之前人们便听过这一叫法。由沙眼衣原体引起的性传播疾病是目前世界上传播最广泛、日本感染率最高的性传播疾病。这种病虽然在服药两周左右会完全治好，但由于症状不明显（男性约五成、女性约两成会出现症状），感染了也难以察觉，容易被忽视。一旦感染，男性有可能会得前列腺炎（引起男性不育症状的概率很小），女性则有可能会出现宫颈炎、输卵管炎、膀胱炎，甚至可能出现宫外孕、不孕症等病症。女性若是在怀孕时感染了，对胎儿也会有较大影响。不过，衣原体感染的症状并不严重，也不会致死，但若不及时治疗就会在数年间传染给其他人，一直放任不管的话，引起艾滋病的可能性将会高至三至五倍。

这种病原体不仅会通过产生精液和阴道分泌液的性器官传播，还会通过喉咙、肛门（通过尿、大便、唾液等途径）等黏膜传播，所以要特别注意通过口腔进行的性行为（口交）。顺便一提，淋病也会通过口交和肛交的性行为进行传播。因为衣原体感染的症状过于隐蔽，所以大家务必要谨慎，对任何有可能的症状保持敏感。男性如果出现排尿疼痛、排尿困难或尿液中有白色浑浊物，就需要注意了，因为男性的感染都是通过尿道进行的。如果在发生性行为之后出现排尿不舒服（疼痛、发热、酥麻、刺痛），就要立刻去泌尿科接受诊断。希望有可能发生性行为的男性务必注意这一点。不同于男性的明显症状，女性则很难注意到身体的异样，尤其是像轻度痛经这种级别的腹痛。除了轻微腹痛，白带[1]比平时多也是感染的一种表现。如果前期没有及时发现，后期基本上也就很难发现了。后面继续发展下去的话，就会引发宫颈炎或输卵管炎，从而出现白带异常的情况（颜色变黄）。如果能够及时发现白带异常，也能轻松应对。因此，了解健康状态下的白带颜色就非常重要。

还有一件事要提醒大家，那就是在性传播感染的过程

---

1 白带呈半透明或偏白色，它是阴道内分泌的黏性液体，能够防止各类杂菌进入阴道。女性在排卵期、月经开始和结束时期会偏多。

中，免疫力基本上不起作用。如果两个人都没有治好，那么就会像打乒乓球一样相互传染病原体。所以，要是知道自己已经感染了，请一定及时告知对方，让对方也去检查治疗。而且，在治愈前不要再发生性关系，或者做好充足的防护措施，这一点非常重要。若你是被对方传染的，那也不要生气，也不能无视，即便还没有症状，也要及时去接受检查。早发现早治疗，时刻注意不把麻烦带给对方。这是交往中最基本的规矩和礼节，请大家千万不要忽视。

## 共生的疾病——艾滋病

没有哪个病的病症会比携带HIV病毒[1]或艾滋病更隐蔽了。艾滋病从感染到发病会经过8—10年的时间，甚至还有潜伏期超过10年的病例。虽然没有明显症状，但HIV病毒会在感染者的精液、阴道分泌液、血液等中持续繁殖。越来越多的

---

[1] HIV 感染者与艾滋病患者不是一个概念。HIV 感染者是体内携带艾滋病毒，但其免疫功能还未遭到破坏，没有表现出临床症状。艾滋病患者是艾滋病毒感染发展到晚期，由于免疫系统缺失而出现了一系列症状。

HIV携带者会在自己毫不知情的情况下传染他人，这一点请大家务必了解。因为人们对疾病的认知就是"出现了症状才知道自己得病了""没有症状就是没得病"。因此，要想应对这种疾病，就要在发生了性行为后（正确来说是在性行为之前）注意预防感染，以及在发生性行为之前和对方一起去做一下检查。只有真正把这两件事落实了，才能够实现精准预防。通常情况下，如果两个人都没有过性经历的话，就没有必要这么预防。但是，就算你知道自己是第一次，你也不能确保对方是不是第一次，所以在性行为之前最好还是一起去做个检查比较安心；如果做不到这一点，那么在做爱前就请准备好避孕套，这也是预防感染的一种有效方式。话虽如此，但实际上很少有人能做到上述预防措施，我想以下大众对艾滋病的误解和偏见也是其中的原因吧：

① 艾滋和我没关系，只和某些特殊的人有关。

② 我和对方都是很老实的人，艾滋不会感染老实人。

③ 性病太让人羞耻了，不敢正面应对。

④ 得了艾滋就是死路一条，想想都害怕。

⑤ 我没有和不特定多人保持性关系，所以不要紧。

表 6-2 日本 HIV 感染者和艾滋病患者情况统计（分国籍、性别、感染途径）

| 诊断区分 | 感染途径 | 日本国籍 男 | 日本国籍 女 | 日本国籍 合计 | 外国国籍 男 | 外国国籍 女 | 外国国籍 合计 | 合计 男 | 合计 女 | 合计 |
|---|---|---|---|---|---|---|---|---|---|---|
| HIV 感染者合计 | | 17488 | 1034 | 18522 | 2057 | 1507 | 3564 | 19545 | 2541 | 22086 |
| | 异性间接触 | 3227 | 839 | 4066 | 502 | 890 | 1392 | 3729 | 1729 | 5458 |
| | 同性间接触 | 12433 | 4 | 12437 | 952 | 1 | 953 | 13385 | 5 | 13390 |
| | 使用静脉注射药 | 45 | 2 | 47 | 31 | 4 | 35 | 76 | 6 | 82 |
| | 母婴感染 | 17 | 10 | 27 | 7 | 9 | 16 | 24 | 19 | 43 |
| | 其他 | 388 | 41 | 429 | 85 | 33 | 118 | 473 | 74 | 547 |
| | 不明 | 1378 | 138 | 1516 | 480 | 570 | 1050 | 1858 | 708 | 2566 |
| 艾滋病患者合计 | | 7919 | 427 | 8346 | 1021 | 433 | 1454 | 8940 | 860 | 9800 |
| | 异性间接触 | 2367 | 280 | 2647 | 327 | 237 | 564 | 2694 | 517 | 3211 |
| | 同性间接触 | 3928 | 3 | 3931 | 220 | 2 | 222 | 4148 | 5 | 4153 |
| | 使用静脉注射药 | 32 | 4 | 36 | 29 | 3 | 32 | 61 | 7 | 68 |
| | 母婴感染 | 10 | 3 | 13 | 1 | 6 | 7 | 11 | 9 | 20 |
| | 其他 | 241 | 26 | 267 | 34 | 17 | 51 | 275 | 43 | 318 |
| | 不明 | 1341 | 111 | 1452 | 410 | 168 | 578 | 1751 | 279 | 2030 |
| HIV 感染者 + 艾滋病患者合计 | | 25407 | 1461 | 26868 | 3078 | 1940 | 5018 | 28485 | 3401 | 31886 |

- 数据来源：日本厚生劳动省官方网站（2020 年 11 月 4 日）。

## 不要把艾滋病和道德混为一谈

①所说的特殊的人,包括同性恋、性工作者以及嫖娼的人;②所说的老实人;⑤所说的不特定多人……这些认知,都是因为大众把艾滋病当成是不道德的人才会得的病,因此人们认为自己和艾滋病有距离。

其实这才是最大的问题,即把艾滋病和道德联系在一起。

事实上,当初艾滋病引起人们的重视,就是因为同性恋群体中的艾滋病感染率极高。同时,为了引起人们的关注,媒体故意宣传艾滋病是同性恋才会得的病。但是如今在日本,HIV感染者中同性恋的占比之所以高,是因为这个群体对艾滋病问题的关注度高,所以相应地接受检查的人也很多。同性恋虽然是少数群体,但并不是一群受人歧视的人,现在越来越多的国家承认了同性婚姻和同性同居的合法性。至于和不特定多人保持性关系这点,确实如果和越多的人发生性关系,那么感染的概率也就越高。但是严格来讲,只要预防到位,就算和很多人发生性关系也不会感染;反之,如果不做预防,即使和特定的少数人发生关系也有可能感染。所以,人老不老实和得不得艾滋病,完全是两码事,如果非要说有什么关系的话，可以说那些不老实的人就是完全不做预防措施且并不在乎感染与否的人。希望大家不要变成这样的人。

### 构建安心、安全的性关系

接下来，继续分析一下上述几种误解当中的第③和第④项。首先我们来看第③项——对性病感到羞耻。老实说，无论是谁得了性病，都会感到羞耻。但是，感到羞耻并不是因为自我嫌弃，而是因为这是事关个人隐私的事情。即性本身就是私密的事情。想明白了这一点后，就必须改变对性病的看法。要知道，性病不光和自己的健康相关，也与对方的健康相关，甚至是性命攸关的问题。所以，从正面看待这些问题并积极解决，才是有性行为能力的人应当具备的素养。

此外，这种病并不会在放任之后自然治愈。不同于感冒、拉肚子这种让身体休息一下就能恢复的病，性传播疾病可不是这么简单就能解决的问题。而且如果不幸感染了，也还有可能传染给其他人，所以我们都有责任和义务去积极治疗。不过很遗憾，艾滋病是一种无法完全治愈的病。但重要的是，要通过检查确定有无感染，再进行治疗才是关键。这一点我还是想反复强调，希望大家记住。

另一个是关于④所说的"得了就是死路一条"。从结论上说，这样的时代早已过去。如果不幸感染了艾滋病，只要从早期开始积极治疗并坚持下去，感染者的寿命就可以被延长，而且通过定期去医院检查和服药是有可能恢复正常生活的。此外，随着各国社会保障、福利政策的不断完善，艾滋病患者就业的可能性也越来越大。在发达国家，针对艾滋病的研究和治疗也一直都在进行中，艾滋病早已不是不治之症。相反，我们更应该注意的是，人们对艾滋病的危机意识不断减弱，放松警戒，从而导致感染人数不断增加。总之，艾滋病虽然很难治愈，但不再是让人感到绝望的病了；而且，虽然这种病伴随着非常大的痛苦，但还是能够发生性关系，也能生孩子。如果男性感染了，可以通过体外受精消除孩子感染的可能，这已经有真实的成功案例了。如果女性感染了，若在怀孕时开始治疗也能在相当程度上预防孩子被感染。感染艾滋病毒的人群当中，男性人数几乎是女性的一倍，但在年轻人当中则是女性占比更多。此外，孕妇的感染也需要特别关注。婴儿感染艾滋病毒的途径有以下三种：出生前通过胎盘感染，生产时通过产道感染，出生后通过母乳感染。后两种情况可以通过剖宫产和人工母乳的方式来切断感染的可能性，但第一种来自胎盘的感染则无法被完全预防。但是，如果母亲知道自己被感染后及时进行治疗的话，就能减少病毒的数量，弱化其活性，宝宝被感染的可能性可降至3%左右。在不知道是否会被感染的情况下，最好的预防措施就是不发生关系，其次就是做好检查等准备工作，最次也要保证不被感染。最后，万一还是不幸感染了，积极治疗的同时也要注意防止传染给他人。请大家务必重视这个问题，和交往的对象真诚地谈论这个话题，这样才有利于构建一个安心、安全的性关系。

## 你了解梅毒吗？

从1967年开始，日本的梅毒感染率开始持续下降，人们都认为日本已经快要消灭掉梅毒了。但从2011年起，日本的梅毒感染率又开始呈现上升趋势并持续增长。

梅毒的狡猾之处在于，它的症状会暂时性消失。感染了梅毒的人，其性器官、肛门、口、唇等地方会长出红色的小疙瘩，表面会发生溃烂，但中途一段时间内这些症状又会消失，且没有疼痛感。但在三个月左右后，患者身上又会出现玫瑰色的斑点，一般会出现在额头、口鼻周围、性器官和肛门附近。感染梅毒后，症状虽然会短暂性地消失，但其病原体还会在体内持续繁殖，如不治疗，在数年后（5—20年）就可能发展到晚期，危及心血管系统和中枢神经系统，甚至危及生命。若能在早期发现并及时治疗，也是能治好的。不过需要注意的是，这种病就算使用避孕套也无法降低感染风险，因为梅毒会通过黏膜、皮肤的接触进行传播，所以即便没有亲吻或者插入的性行为，感染的风险也很高。还有，不要忘了梅毒和HIV病毒感染并发的例子也非常多。

此外，淋病、性器官疱疹、尖锐湿疣等疾病也属于性传播疾病。只要发生了性行为，谁都有可能患上性传播疾病，可以说性传播疾病就是一种"生活习惯病"。觉得自己不会感染，就是一种奢望。

# 人乳头瘤病毒（HPV）与宫颈癌

大家应该有听说过宫颈癌吧？子宫分底部、体部、颈部三部分，上方的2/3是体部，下方的1/3是颈部；产生于子宫上方的癌症叫作子宫体癌，下方的叫子宫颈癌，常简称为宫颈癌。这两种病的名字虽然很像，但发病的原因和症状完全不同。HPV是人乳头瘤病毒（human papillomavirus）的缩写，是一种DNA病毒。它可以通过皮肤和黏膜传播，引起各种不同的症状和健康问题。男性感染HPV常见的症状是引起生殖器尖锐湿疣。其传播方式主要是通过性接触，包括阴道、肛门和口腔性行为，因此感染的风险很高。

在女性较高发的癌症中，宫颈癌的发病率仅次于乳腺癌。日本每年平均11000名患者中就有2800人死亡[1]，在20—39岁这一区间内的患者尤其多。不过，感染了HPV，也不是一定会发展成癌症。感染HPV约两年后，人体自身的免疫系统会消灭掉90%以上的病毒。也就是说，HPV对几乎所有人来说

---

[1] 来自厚生劳动省2019年的数据。该部分内容主要参考了《大家都能预防子宫颈癌》（今野良主编，日本评论社2009年版）。

是一种暂时的疾病，据说有性行为的女性当中有60%—80%的人都曾感染过，且本人并没有察觉到。出于以上原因，HPV并没有被认定为是性传播疾病。但是仍存在一些特例，有些人身上的HPV并不会自己消失，甚至还会持续数年长期存活在体内，最终引发宫颈癌。

这种病的麻烦之处在于谁都有可能感染过，由于情况过于普遍，所以自己很难发现相应症状，即使有症状也很容易被忽略，但通过做检查还是很容易发现的。

想要预防宫颈癌，一个有效方法就是接种HPV疫苗。为了做到早发现早治疗，即便没有明显症状，也最好在20岁后就去做一些妇科检查以防万一。

# 07

## 怀孕、生子以及抚养孩子

曾经有个学生在晚上给我打电话。当我拿起听筒时,她沉默了一会,然后传来了啜泣的声音。

"我明明做了避孕措施,没想到还是怀孕了,但又不能就这么生下来。您能介绍个靠谱的医院给我吗……"我一想,这些学生大多来自外地,又没有个能商量的人,就算有也商量不出什么来。我努力回想在哪有靠谱的医院,离得近不近,不过就算离得近也不能马上就去……想必她是真的不知道怎么办才来问我吧。我认真地倾听了她的求助,也在认真思考我能够做些什么去帮助她。

当然,也有男大学生给我打过电话。

――

学生:女朋友好像怀孕了。

我：你怎么知道？

学生：明明都到了该来月经的时候，竟然还没有来……

我：你知道预计是哪一天吗？

就这样，我们一问一答地认真沟通后，他去买了验孕用的物品，又带女朋友去妇科做了检查，妥善地解决了问题。看到他做到这些，我也稍微放心些了，然后又多次提醒他要帮助女朋友缓解不安，尊重她的意愿。

## 当面临怀孕这一事实时

当然，面对女朋友怀孕，也有男大学生采取另外一种办法。

———

学生：我觉得可以生下来，但女朋友说不可以……没办法，只好去找医院（语气中充满沮丧）。

我：等等，你是说觉得她可以生下来是吗？

学生：是的。

我：那要是她说生下来，你准备怎么办？你准备从大学退学，然后找个工作养活她吗？你是基于这样的准备跟她说的吗？

学生：不是，我没有考虑到这些具体的事，就是想到就说了。

我：喂，你可不能这样不负责任啊，你必须站在她的角度去好好想想。在她感到不安、不知所措的时候，你直接说一句"我觉得可以生下来"，这种不考虑将来的随意做法，只会让她内心更加混乱。怀孕的是你的女朋友啊，你要是不为她着想，她会感到很痛苦的，别说得很轻松似的。

其实从这个案例中我们可以看出，即使男女以平等的形式参与"性"当中，但在面对怀孕时就会出现明显的差异。女性不得不意识到生育就是抚育，因此必须面对现实的问题，比如是继续上学还是放弃学业。也就是说，对女性而言，怀孕后就面临着是否切换人生轨道的问题。而男性考虑的是，有了孩子之后自己的人生会有什么变化，或者说是以一种"只要不影响自己就行"的心态去看待对方怀孕这件事，基本上就只是动动嘴。当女朋友决定把孩子生下来后，她的身体将出现巨大的变化，你却是像旁观者一般轻飘飘地说句"我觉得可以生下来"……是男性的想象力太匮乏了吗？

不过，在我和他多次交谈后，他终于意识到了自己的态度过于轻率了，对我说："很抱歉，我明白了。我会好好考虑她的心情。"这个学生最后来我家当面和我聊了聊，然后再次热血沸腾地说起了他（们）的想法。"我们最后还是决定把孩子生下来抚养。当然，我会退学去工作。但我的父母特别是父亲绝对不会同意的，我该怎么办？"

不知道该说他年轻，还是应该说正因为年轻才能这样。其实很多人面临类似情况时理所当然地会选择堕胎，但听了他的想法我很感动，觉得他能这样想也很棒。为了让他冷静下来，我对他说："你父母一开始肯定会觉得震惊，他们听了你的决定虽然不会立刻说出'行，你加油吧'这类的话，但毕竟他们就你一个儿子，肯定对你怀有期待。你们不要立刻得出结论，给他们一点时间去考虑怎么样？不知道你的亲戚当中有没有说话直率的人，可以请他们从中劝说下。还有你跟女朋友的父母说了吗？他们是怎么看的？"我试着从各种各样的角度出发和他交流。

大约两周后他又打来了电话，他说女朋友的父母把决定权给了他们两个人，要他们自己考虑决定，但是他自己的父亲还是坚决反对，甚至说要是他敢退学生孩子，就要和他断绝关系。他母亲夹在他和他父亲两人之间很为难，连饭都吃不下。他女朋友知道他家的情况后说，我们还很年轻，以后还可以生孩子，不忍因为自己怀孕而男朋友家里人的关系出现裂痕，所以就决定放弃生孩子了。"是吗？这样也挺好，"我认真对他说，"你一定要非常珍惜你女朋友，要多考虑她的感受，要珍惜你们之间的关系啊！"之后就挂断了电话。

## 堕胎——悲哀的选择，尽量不要做

怀了孕，能生下来当然是最好了。但是，问题在于，孩子并不是生出来就完事了，今后的10年、20年甚至更长的时间里，父母还需要去抚养孩子。大家可能会想，那就不要怀孕嘛，但毕竟我们是人，是人就总会有意外的情况出现。

要知道，性行为对生物而言，本身就有很强的生殖属性。但人类在生物当中是一种特殊的存在，拥有不期望生殖的意愿和愿望。而要想实现这个愿望，我们人类就必须学习有关避孕的正确知识和实操办法，否则就可能会经常怀孕。因此，对不期望生育和抚养孩子的人来说，避孕是最低限度的要求和道德。若是连这点都做不到，那就没有做爱的资格。不避孕就去追求性爱，这本身就是一种虐待行为。要想成功避孕，双方必须分享正确的避孕知识，并以此为基础共同执行。虽然这些知识都很基础，人人都应该了解过的，但还是希望大家一定要记住并做到。

在面临意外怀孕时，不少女性会感到困惑苦恼。1948年，日本开始实施《优生保护法》（1996年之后更名为《母体保护法》），规定妊娠未满22周的孕妇可通过指定医生进行堕胎手术，其中妊娠未满12周一般采用"刮宫手术"。针对意外怀孕这一问题，目前世界各国都开始关注"性健康和生殖健康相关的权利"及尊重女性的自我决定权相关问题。截止到2017年，全球范围内有68个国家引进了更加安全且负担小的措施或内科上的堕胎方式（口服避孕药）等。正如本节标题所说，堕胎手术"尽量不要做"，即使为了这个目的，避孕也是必不可少的措施。但是，堕胎在一些国家是属于女性的权利，女性有意愿或有必要的时候，依然可以行使。

### 体外射精并不能有效避孕

有些人认为"体外射精能避孕"，以为"只要在射精的时候射到外面就没事"，其实这是个很大的误解。实际上，在射精前阴茎前端已经有一些前列腺液（一种透明的黏性液体）了，这其中就含有可能让人怀孕的精子。比起在阴道里射精，虽然体外射精更难让人怀孕，但也只是概率稍低而已，还是有很多由体外射精引起的怀孕案例。对于正处于兴奋状态的人来说，想要判断最初射精是在"体内"还是在"体外"是十分困难的事情吧。

要是不想怀孕又没有避孕套，那就选择不做爱。一定要做的话，就不要有插入行为，可以选择别的享受方式（体验非性交的性快感）。希望各位铭记这一点。

怀孕、生子以及抚养孩子

**避孕套的使用——对男性的要求**

接下来是关于避孕套的话题。它是日本男性常用的避孕工具。这个避孕工具最大的问题是,男性只有自己不想怀孕的时候才会用。换句话说,就是只有不想让女性怀孕的男性才使用它。对男性来说,如果没有坚定的意志就无法做到真正的避孕。事实上,使用避孕套的情侣们,依然有3%—14%[1]的怀孕概率。怀孕概率也就是避孕的失败概率。不过这并不表示即使使用了避孕套还是有14%的失败概率。那3%失败概率表明,老老实实使用了避孕套就能有97%的概率成功避孕。

下面列举一些正确使用避孕套的知识。

首先,避孕套要用自己买的,不要用别人给的或酒店里的。你知道吗?避孕套是有使用期限的。它的外包装盒上会写明保质期,但里面小包装上是没有的,所以我们无法确认那些分散的小包装避孕套的保质期。此外,大包装盒里有说明书,上面会写明注意事项、使用方法、保存注意事项等,不过通常上面的字都很小,在昏暗的地方容易看不清,因此

---

[1] 参考了日本家庭计划协会(JFPA)诊所北村医师的数据。

就很容易被人们无视或丢掉。但是，搞清楚使用避孕套的相关注意事项非常重要，所以请各位务必冷静下来仔细阅读。后面我会介绍其使用方法，各位可以在自我愉悦的时候多多练习，这样才能在做爱的时候熟练地戴上。除了学习使用方法，在随身携带避孕套的时候也要注意，不要放在钱包里，因为如果碰到硬币等那就最糟了，最好放在专用的硬盒子里，比如名片夹。还有，使用避孕套的时候，要小心指甲不要把它戳破，最好事先就把指甲剪短，这也是为了防止弄伤对方的皮肤把对方弄疼。此外，戴避孕套的时候，要等待阴茎勃起，不可以在接触和插入之后，特别是要射精的时候才戴。理由就是上文中所讲的，体外射精无法避孕。

听懂了吗？各位男性同胞！

即使你很想避孕，若是避孕套的佩戴方式不正确，可能也会失败。为了双方的安心和安全，请记住佩戴的方法和注意事项，并多加练习。

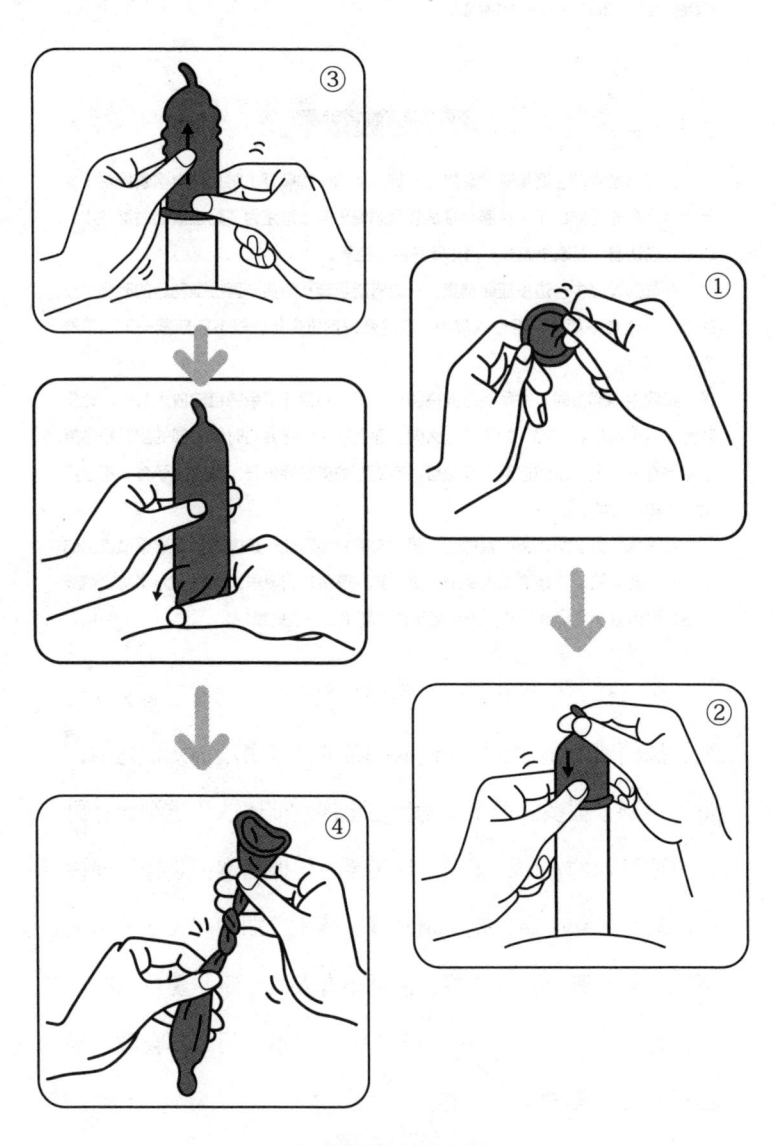

佩戴避孕套示意图

**佩戴避孕套的4个步骤**

① 打开包装袋前，要将避孕套挤到一端，从另一端撕开（防止把避孕套撕烂），然后从完全撕开的口子中将避孕套从袋里脱离出来（这是为了防止取出时黏住）。取出后确认避孕套表里完好，再排除前端的空气。

② 在戴的过程中一边按压储精囊，一边将避孕套从龟头一直拉至勃起的阴茎包皮的根部，注意不要将阴毛卷入其中，若是戴好后觉得疼就取下重新戴一下，不要忍着。

③ 戴到中间部位时，往龟头方向稍微拉一下，将根部多余的包皮放入其中，让皮肤舒张后再次拉至根部。如果不这么做，那么发生性行为的时候根部的皮肤很容易把避孕套挤出去。来回这两个步骤可以使阴茎的皮肤舒张开、贴紧避孕套，不会产生缝隙和不适感。

④ 射精后，为了防止避孕套掉落，要立刻将其和阴茎一起拔出；如果缓慢拔出的话，阴茎会变软使得精液流入阴道，避孕套脱落留在阴道里。同时，为了防止精液流出，要将避孕套绑紧扔掉。一个避孕套只能用于一次射精。

怎么样，你学会了吗？很多学生表示，知道了有关保质期、储精囊、佩戴步骤、随身携带的注意事项等知识之后，觉得学到了很多。很多女学生在上课之前还认为避孕套是男人应该了解的知识，跟自己没关系，但课后意识到为了保护自己的身体和生命，也必须好好了解相关知识。大多数男生不知道佩戴避孕套的步骤，甚至还有人认为避孕套是戴在龟头上的（那可不是个帽子！）。大家可不要因为不会戴避孕套闹出笑话来。

## 多赞赏、多感谢，让男性积极主动使用避孕套

根据对年轻人使用避孕套的调查数据，能经常正确佩戴避孕套的人只有40%左右，而且虽然很多人知道怎么戴才更安全，但就是不严格执行，这就是现状。其实这从性传染病一直没有减少这一情况就能看出来。当去询问那些人为什么不戴避孕套时，他们回答说"气氛到那了，中断的话……""太麻烦了"，还有的男性觉得"因为快感减少了""心情被影响了"，等等。对此，我真想问问他们，是在开玩笑吗？但在当事人看来，这是事实，而且一些女性也认为戴避孕套会破坏气氛。

对此，我想说的是，必须要让男性先重视起来。首先，男性不能让女性陷入不安的情绪中。其次，男性要知道意外怀孕会导致两个人的关系濒临危机。男性需要自觉意识到这两点（最好是通过学习来变得主动），这是性爱的前提。不过有些男性肯定还是觉得麻烦，那么女性可以通过赞赏和感谢戴避孕套这种行为来使男性自觉。对男性来说，如果女性告诉他们"你为我考虑，戴上了避孕套，我感到很安心""谢谢，你能做到主动戴上，我好高兴"等，他们就会觉得高兴和自豪，会期待下次性爱时出现同样的场景。可能起到的作用不是那么

大,但至少提高了男性戴套的可能性,而不是让男人理所当然觉得"大男人戴什么套啊"。因此,女性不妨试着用语言和表情来表达对男性戴套行为的赞赏和感谢。

### 转换思想,乐意去戴避孕套

其实,大家还可以把戴避孕套当作一种调情,并享受这个过程。仔细想想,原本是开心的氛围,一旦到了要戴避孕套的时候,两个人就背对着背,互不理睬,男性在暗处操作,这么一想确实挺扫兴的。其实,佩戴避孕套原本就是性爱中一件非常重要的事,倒不如干脆就在明亮处(亮度根据各自的喜好)面对面目睹这一过程,有时女生也可以帮着男生戴一下,试着两个人共同享受这件事。在这一过程中,两个人还可以检查戴没戴好,这样不是更能让人安心吗?这样的游戏,还能进一步提升两个人的亲密度,因为事关性爱,互相了解和抚摸对方的性器官也是有意义的。反过来想想,把戴避孕套看作非常难为情的行为,岂不是更奇怪吗?所以,希望大家不要不敢谈论避孕套,也不要因为不敢使用它而最后变成悲剧的主人公。要两个人一起努力成为性的主人公,这才是美好的事情。

有的学生对于享受戴避孕套的过程这个说法感到很吃惊。不过也有一些学生表示,虽然无法立刻做到这样,但很认同这个观点。其中就有学生说,"我们已经在这样做了""试了试,结果我们两个人都笑了"。我觉得这位学生就很棒。不过,也不要强迫对方这么做,比起避孕,能够转换对性的思考方式就已经很好了。

## 女性可以根据自己的意愿避孕

女性能按照自己意愿参与且成功率最高的避孕方式就是使用避孕药了。避孕药一般指口服避孕药(oral contraceptives,OC)。日本直到1999年才批准使用避孕药,是联合国会员国中最晚批准该行为的国家。下面,我想就如何看待避孕药以及如何应对避孕来说说我的想法。

### 只要不忘记吃避孕药就能有效避孕

首先来谈谈,为什么吃了避孕药就不会怀孕了。大家应该都知道,正在怀孕的女性是不会再次怀孕的。双胞胎和多胞胎几乎是同时完成受精的，而不是隔了一周或一个月再次受精才怀上的。女性身体处于怀孕状态时是不会再次怀孕的，这是因为在怀孕状态下，卵巢会持续分泌雌性激素和黄体酮。这两种激素产生期间，女性就不会产生月经，卵巢内不会再有卵泡发育成熟，排出卵子。避孕药便是基于此原理制成的。女性在服用包含了这两种激素的组合药物后，会保持不会怀孕的状态。如果持续服用这类药物，月经就不会出现，也就不会排卵，不排卵就不会怀孕了。因此，吃避孕药的避孕成功率接近100%。服药之后，卵巢分泌激素的功能被抑制（避孕药里所含的激素量远少于卵巢产生的量），子宫内膜会变得不那么厚，即使受精，受精卵也难以着床。

在服用短效避孕药21天以后，停用药物2—7天的时间内会出现撤退性出血，属于一种正常的月经来潮。此时的经血量比平常要少，疼痛感也会减轻。服用避孕药后，有可能会改变宫颈黏液的黏性，当宫颈黏液太浓时，精子很难穿透子宫颈，从而起到避孕的作用。但是，由于避孕药里的激素含量相当少，所以要特别注意不要忘记服用。

口服避孕药的方式是从月经开始至第21天，在每天固定的时间持续服用。一直持续服用下去的话就永远不会怀孕。但是，变厚的子宫内膜和积攒的营养成分等会随着身体的代谢排出体外，这一过程对健康非常重要。所以要注意适时停止服用一周以促进代谢，之后会出现所谓撤退性出血，属于正常代谢现象。之后可以继续服用21天，如此往复。女性对自己的身体和性爱要保持一种主体的、积极的姿态，同时还需要自觉守护自己的健康。

在一位女学生的报告中有这样的一句话：

> 我正在服用避孕药，但没和别人说。因为我听到有人说，吃避孕药的人都是些轻浮且行为不检点的女人。

其实，在曾经围绕避孕药合法性的讨论当中，类似这样的看法被堂而皇之地提了出来。甚至有人担心，要是把避孕药合法化了，那日本女性的性道德将会崩塌瓦解。能说出这些话的大概都是男性，想想就觉得可悲。不过听学生们说，一些年轻女性也会这么想。可能是因为她们自己就是这么想的吧。当然，也有像下面这样的看法：

A：我不知道，我自己确实做不到每天吃药。

B：我觉得能老老实实吃药的人真的很可靠啊。

C：我不想给女朋友带来这样的负担，我想由自己来主动避孕。

总之，按照适合自己的方式来看待性也挺好的。

## 避孕药有哪些作用

前面提到，避孕药所含的激素会让女性身体保持怀孕的状态，也就是说，刚开始服药时，会出现和怀孕初期一样的症状，如恶心呕吐，或者头痛、乳房胀痛、倦怠、浮肿、体重增加和忧郁等月经综合征的症状。当然，并非所有人都会出现这种情况，由于个体差异，每个人的症状也不一样。不过，这些症状和孕期症状一样，也会在2—3个月后消失，甚至在持续服用避孕药后就会逐渐消失。因此，没有必要因为刚开始服药所产生的变化而感到吃惊并停药，医生一般都会建议再吃一段时间。如果症状持续不断，那么就需要和医生商量，看是否换一种药。过去的避孕药所含的雌激素量相当多，有的人在服用后副作用相当大，后来陆续研发出了雌激素含量较低的中剂量避孕药，之后又有了低剂量避孕药。如今，避孕药的副作用已经很小了，女性们也逐渐从意外怀孕带来的不安和恐惧中解放了出来。避孕药作为一种积极有效的避孕措施，其相关知识值得我们认真学习。

### 了解紧急避孕

除了上述这类普通避孕药，还有一种紧急避孕药，是在性交后想避免怀孕需立刻服用的药物。可能有人会认为在性交之后避孕就相当于堕胎，其实二者并不是同一回事。怀孕是受精卵在子宫内膜着床时完成的，而这种药是在受精卵着床之前、性交72小时以内服用的，所以是一种避免妊娠的药物[1]。日本从2011年起才许可使用紧急避孕药。但想要买到这种紧急避孕药[2]，需要接受医生的诊断之后开具的处方，而且

---

1 世界范围内约有90个国家能在药店以便宜的价格买到，英国、加拿大、瑞典等国免费提供，法国的价格约800日元，德国约2000日元（法国和德国仅20岁以上允许购买）。
2 以黄体酮为主要成分的左炔诺孕酮片，约有80%的避孕率。

费用高昂，需要1万—3万日元。所以，目前日本女性即使需要紧急避孕药也很难拿到，这就是现状。

"性交时避孕套破了，脱落了""没有避孕措施，射在外面了""遭受了性暴力[1]"……其实，紧急避孕药就是适用于这类明确想避孕且不确认是否有怀孕可能，或担心怀孕的情况。面对这类情况，与其纠结和斥责当事人避孕失败、粗心等，倒不如先服用紧急避孕药，解决迫在眉睫的问题。

和低剂量的普通避孕药一样，为了女性的健康和对人生的选择权，我们的社会应该更方便地为女性提供紧急避孕药。

## 采取适合自己的避孕手段

避孕不是一个人的事情，而是需要两个人一起考虑和面对的事情，这一点希望大家记住。如果还不能直截了当地用语言来交谈这些，那就说明现在发生性关系还为时过早。其实，最好是选择适合自己生活方式的避孕手段，希望大家能

---

[1] 遭受到性暴力之后如果立刻报警，那么本人就不用太着急去买，通常会在警察的帮助下收到医生的处方。

灵活地应对。口服避孕药[1]无法在药店自由购买，需要医生的处方，每个月（一个周期）都要去医院花3000日元左右的费用，还必须每半年或是一年去做一次检查（费用大约是1万日元）。虽说定期做检查有利于健康管理，但在日本，这类检查并不适用于健康保险，所以这个负担也不轻松。应当说这些费用由男性来负担更合适。所以，对于大学生群体来说，用避孕套避孕则更为妥当。

如果双方关系十分亲密，性爱的次数也很多，但又担心怀孕；或者是虽然结婚了，但还不想早早怀孕……那么这类情况下，选择避孕药就不失为一个好的选择。在生了孩子后再需要避孕时，也还有其他方法，比如使用宫内节育器（IUD）或宫内节育系统（IUS）等，通过在子宫内植入小型器具来实现避孕。生完孩子的女性可以选择这种方式，根据医生的建议在子宫内放置2—5年，在想要孩子的时候再取出来就可以了。当然，这些都只是一些建议措施，供大家参

---

[1] 2006年2月，日本产科妇人科学会修订了关于口服避孕药的使用指南，其中有关的各项检查均被简化，还提供了避孕药除了避孕以外会产生副作用的相关信息。

考。总之，无论选择哪一种方式，希望每一位女性都能在考虑到自己的人生和健康时，积极灵活地应对。这才是生殖健康权（reproductive health rights）的体现。

# 08

## 各种各样的『性』和『生活』

## 生活中存在巨大的烦恼——性别认同障碍

"性别认同障碍"这个概念有点不太好理解。我的理解是，一个人现在（或是一直以来）以男性的身份生活，但生理性别是女性，女性身份同样也是真实自己的一部分（当性别互换时也同样成立）。机缘巧合下，我也有幸认识了一位有同样烦恼的人——虎井正卫先生[1]。当我读了他写的书，与他见了几次面，听过他的故事后，我逐渐了解了"性别认同障碍"。

一个人的生理性别是由出生时腹部下方的性器官决定的。换句话说，有阴茎的则为男性，没有则为女性。对于难以判明的情况，医生或接生人员会在性别一栏上标注"不详"。

---

[1] 虎井正卫先生主持"日本FTM"的工作，并努力向人们普及性别认同障碍，致力于变性手术和户口中性别变更的合法化，曾出版《由女变男的我》（青弓社1996年版）等著作。

总之，对于新生儿的性别，医生们一定会做出判断并通知其父母。父母们对此也不会有丝毫怀疑，便直接去相关部门登记。同时，给新生儿取一个与性别相符、寄予美好期望的名字……

普遍来说，从出生的那一刻起直至死亡，人的性别就不能改变。不喜欢的名字可以进行更改，但对指定的性别感到不舒服的人，肯定会被人用好奇的眼光盯着，所以大部分人只能默默地、痛苦地生活下去。试想一下，当你认为自己是个男人，却不得不穿上统一样式的制服裙，你会是怎样的感觉？而这样的痛苦会在每天早晨以及日常生活中，时时刻刻反复上演。同样，若生理特征是男性，却以女性自居，以女性的举止行事，则会被当作变态。所以，患上性别认同障碍的人，很可能会出现自卑、拒绝上学、退学等一系列问题，甚至会自残、自杀……

2000年左右，虎井先生作为主要领导者，发起了更改户籍性别的运动，虽然已经过去这么多年，但对我来说仍记忆犹新。这场运动引起了日本社会的广泛关注，成了当时的社会热点话题。之后，编剧小山内美江子将其写入剧本，并在电视剧《3年B班金八老师》（2001年）中演绎了这个故事。在我看来，这场运动和这部电视剧都具有里程碑式的意义。它们让我们意识到，在性别认同障碍者争取权利的斗争中，媒体可以产生巨大的推动力。后来，我去不同学校讲学时也提到了这件事。在课后和老师们的聊天中，我了解到这些学校里曾经也有性别认同障碍学生，他们经常被戏弄、被欺负，老师们却无法完全解决这个问题。还有老师说，自己也曾对这些学生说过"如果你是个男人，你就不应该如此软弱……"之类的话。不过现在老师们已经有了这方面的知识和意识，即使有学生存在这样的情况，也不再会被取笑、戏弄。

性别是男还是女，或是其他，并不是在出生时就确定了的，我们不应该根据人们的外表来对性别进行判断或做出假设。我们应该允许各种各样的人存在，而且正因为人类的多样性，社会才丰富多彩。这才是对人类发展有益的人类观。

## 性别具有多样性——我们都是多样性中的一部分

其实，所谓性别认同障碍是一个医学术语，也就是说是一种疾病名称。一些性别认同障碍者对"障碍"一词感到反感，这也理所当然，因为"我就是我"，谁都不想被人说成"病人"。然而，性别认同障碍是有相应的治疗方式和手术途径的，所以我们也不得不接受这个事实。

"障碍"，意味着事物没有按照要求和规定进行。在人类的性别（男女）分化中，有性器官的分化和大脑的分化。这两项并不是同时完成的，而是在不同时期分别完成的。

有研究表明，人类的性别分化过程中，根据子宫内环境和激素环境，"性器官和大脑可以表现出不同的性别和各种中间形式（二元性别和非二元性别）"。这与睾丸决定因子（SRY）紧密相关。睾丸决定因子一般位于Y染色体上，其在减数分裂的过程中可能会易位到X染色体上，这样一来，就会出现明明拥有XY染色体却发育不出睾丸，或者明明是XX染色体却发育出了睾丸的情况。

也就是说，在受精的瞬间，性别并没有被固定。原本，性别的形成就有各种各样的可能——染色体、基因和激素都会在相应的阶段发挥自己的作用，将性别分化为男和女。同时，分化也呈梯度式进行，无论是性器官、大脑，还是非二元性别外的其他性别,都具有多样性[1]。然而,性别一旦形成,后期即便通过口服或注射药物等办法都很难改变。人们无法通过改变大脑改变自身性别认知,所以只能通过改变性器官来匹配大脑中的自身性别认知,这就是性别重置手术。不过,并非所有性别认同障碍者都希望改变性器官。其中一部分人希望在保持原有性器官不变的情况下,以另一种性别身份活跃在社会生活中,并被他人所接受(即跨性别者,transgender);还有一部分人则会穿着非生理性别的服饰(会被人称为"异装癖",transvestite);也有一部分人通过改变性器官,达成性别认同(即变性者,transsexual)。这些做法都是对自己的一种认同,他们可以统称为"跨性别者"。

事实上,这是我第一次了解到这些知识,一连串的惊喜和新认知使我从根本上重新审视了我的人类观。我意识到,所有人都是紧密相连的,而大家有着各种各样的特征,

---

[1] 在探讨性别多样性时,建议了解下"四大性别元素":(1)生理性别(sex),指通过染色体、性腺或根据解剖学,定义一个人在生物学角度是男性还是女性;(2)性别认同(gender identity),指自我的性别认知;(3)性取向(sexual orientation),指想与什么性别的人恋爱,或对什么性别感的人会感到性吸引;(4)性别表现(gender expression),指服饰、语言和行为等是男性化还是女性化。

这是理所当然的事情。换言之，与其划分这些特征，不如从根源上将人视为多样化的存在。为了践行这一理念，我加入了一个性教育研究小组，我更加感受到这是一件极有意义的事情。与虎井先生的交谈，在参与活动中遇到的各种各样的人，听到的各种各样的故事，观看过被推荐的相关书籍和电影，等等，这些经历都给了我极大的启发。我也向学生们讲述了我的这些经历和感受。

## 从传统观念的束缚中解放出来吧

正如上述标题所说，人们不应该对性别认同障碍者抱有偏见。人类天生就是两种性别的结合体，从根本上说，确实也不存在100%的男人或100%的女人，我们每个人都有或多或少的异性属性。根据那部分所占比例的不同，有女性化的男人，有男性化的女人，有不属于男性或女性的人，还有在两者之间的人。我希望大家能够理解，人类是具有多样性的生物，这种多样性不仅表现在生理特征方面，还有思维方式方面，以及性行为方面，等等。通过观察不同的人身上的独特性，当然也包括观察我们自己，我们可以更加享受生活、充实生活、热爱生活。

此外，若我们能够以这样的方式思考和生活，从而摆脱传统观念的束缚，将会有另外一番感悟。其实，与二三十年前相比，如今电视剧中的人物形象已经变得更加多元化，包括在性取向方面。以一些名人行为为标本的传统男女性形象已经被打破，或者说，这些男女形象已经变得更加丰富和灵活多变。

当然，这离不开这一群体的坚持及其支持者们和相关组织的不懈努力，也有国内外影视剧等媒体的影响。此外，借着举办东京奥运会的机会，日本政府和日本奥委会也遇到了相关问题，且不得不去努力解决，例如，如何接待性别各异（性别认同、性取向等）的运动员、观众和游客，如何使接待措施符合国际标准礼仪、接待礼仪，等等。这些都对推动社会多样化起到了积极的作用。

下面分享一位男同学的课后报告：

———

*我从小学到初高中，一直都因为不擅长运动而自卑。我无论做什么都不顺利，无论做什么都会被他人嘲笑，久而久*

之便逐渐被边缘化了。在开运动会时,我硬着头皮说那报一个乒乓球项目吧,却被同学说"不行,这太无聊了,如果要参加的话,就去参加足球或橄榄球项目",也就是格斗类运动。周围的人都认为男生应该参加体育运动,但是我真正想参加的也不是乒乓球项目,而是动物保护活动。今天听到老师说"最重要的事情是做自己",我真的热泪盈眶。

## 09 结婚到底意味着什么?

## 爱情和婚姻是一脉相承的吗？

我在大学里讲的性教育课程的最后一节课是关于"婚姻与共处"。

当我问学生希望我继续讲什么主题时，无论男生还是女生，都首选"婚姻"相关问题。这是为什么呢？对于婚姻与幸福的关系，大家好像普遍感到好奇或困惑。

一般来说，女性要想独立生活，有稳定的职业就非常重要，所以首先要去工作。但对一些女性来说，就业本身就是个难题，工资还很低，因而就会萌生尽早结婚的想法。实际上，包括"奉子成婚"情况在内，有不少名人或是身边的朋友不到20岁就已经结婚了。所以结婚意外地成了人们讨论的热点话题。但到了大学时代，人们似乎又分成了两部分，一部分人逐渐开始冷静看待结婚这件事，而另一部分人则把这个问题当成更现实的问题来考虑。

对于男大学生而言，他们还完全不想考虑结婚的事情。无论是出于经济能力还是其他方面考虑，他们首先想的是如何让自己安身立命。但是，大家又似乎对结婚这个问题很关心。

恋爱和结婚常常被放在一起谈论。有美好的恋爱才能有美好的婚姻，恋爱以结婚的形式画上圆满句号，这是自古以来的文学作品中很常见的剧情桥段。文学作品中的世界另当别论，现实生活中，结婚却不是终点，而是一个起点——伴侣关系将从结婚那一刻起一直持续下去，或者说，两个人的关系将从结婚那一刻重新开始了。也就是说，结婚不是恋爱的延长线，而是另外一种关系的开始。实际上，恋爱和婚姻在本质上也是完全不同的。

恋爱是暂时性的关系，恋爱期间双方通过相互展示优点来增进情感，而婚姻则是一种更长久的关系。应该说，婚姻需要在了解彼此最真实的一面甚至是缺点的基础上，为建立长期关系而共同努力。此外，恋爱还是一种特殊的状态，说得文艺点就像是一场高烧，它会让人寝食难安，让人沉迷；而婚姻则是一个平静、理性的状态，它伴随着一种长久的关系。与其说恋爱和婚姻具有连续性，不如说它们是两种不同性质的活动。

实际上，在封建社会，和谁结婚并不是由本人决定的，而是由父母决定的。那时的婚姻是以维持家庭制度和繁衍后代为目的，因此女性被编入以男性为中心的家庭，承担家庭劳动和生育任务。两人是否相爱并不重要。男性更多是为了继承家业而寻找结婚对象，然后作为一家的顶梁柱肩负着抚养家人的责任，也就是说，那时的婚姻不是两人爱情的结果，而是为了延续父权制的一种活动，"爱情"也不是婚姻中需要考虑的问题[1]。

如今，这种旧时婚姻制度已经不存在了，但也并不是完全消失了，比如父母辈的意识中就还残留着"性别分工"的痕迹。不知道各位同学作为子女辈，是否感受到了这种意识残留？

---

[1] 这个时期，男性的婚外性关系和性行为是被容忍的，如果发生在女性身上，则会被扣上通奸罪的污名。当然这并不意味着当时所有的婚姻都没有爱情。

例如，在日本，90%以上的女性在结婚时还是会选择冠以夫姓。其实，这并不仅仅是一个形式，从这一点能够看出在人们的意识中，以男性为中心的家庭意识（尽管它没有法律意义）根深蒂固。即使在今天，一些男人也理所当然地将他们的伴侣（妻子）称为"我家的媳妇"或"内人"。要是询问他们伴侣（妻子）的优点（喜欢妻子什么）时，很多男性最先想到的就是"擅长做菜"。

在日本新宪法颁布70多年后的今天，与谁结婚再不由父母决定，而是完全基于两个人的共同意愿。然而，即便是自由的婚姻关系，在今天这个时代也非常不稳定。人们即使想结婚也越来越难实现，于是越来越多的人开始回避结婚问题。这到底是为什么呢？

现在我们有必要重新思考一下"恋爱"和"结婚"的关系。

## 你和他／她是恋爱型，还是结婚型？

### 从人际关系不同的存在方式来思考

恋爱型的人，即使一段恋情破裂了，也会很快或者一段时间后开始下一段恋情，他/她们往往感性、热烈、有勇气，非常有魅力，但似乎也有危险的一面。与此相对，结婚型的人则属于慎重派，他/她们不太善于表现自己，但也可以说是严格要求自己、积极努力的类型。

这样写好像把人分成两种类型，把恋爱和结婚对立了起来，但这并非我本意，我只是想试着思考一下不同人际关系的差异。事实上，让所有人都羡慕的美好恋爱，不一定就能走向美好的婚姻。相反，几乎不引人注目的平淡恋爱，或者由父母介绍而开始的安静邂逅，也有可能成就一段美好的婚姻。当然，也有恋爱和婚姻结合、两者都很美好的情况，但我认为这种类型是两个人有意识地、灵活地处理两人之间的关系所创造的结果。

现在很多人认为在年轻时就应该谈恋爱，没有恋人是一种缺陷，所以他们往往才会急于求成，试图尽快建立恋爱关系。甚至还有人认为只要做爱就能建立恋爱关系，或要想维持恋爱关系就必须做爱。可以说，在这些年轻人群体中，爱与性出现了一种"短路"现象。

很多年轻人虽然发生了性关系，但在进一步建立与彼此的亲密关系时就会踌躇不已，不去相互磨合，而是在短时间内结束恋爱关系。也许是我作为老年人的偏见,但就是会让我有这样的感觉。当然,也有人将谈恋爱、做爱视作"人生经验"的积累,这种做法也让我很在意。对此,我想告诉大家的是"不是每个人都会坠入爱河""不要因为已经坠入爱河就马上考虑结婚,爱情终会降温,要仔细冷静地考虑婚姻问题""婚姻可不是一件随性的热血尝试"。

## 先了解一下"婚姻"

如今的婚姻,可谓集美好与不幸于一体。一方面是年轻人对梦想中的生活画面、对结婚的憧憬;另一方面则是离婚率高、银发离婚潮、家庭暴力等各种社会现状。如今这个时代,不稳定的婚姻与不安定的生活交织在一起,矛盾也逐渐尖锐了起来。在这种情况下,越来越多的男男女女不敢步入婚姻的殿堂,哪怕他们憧憬婚姻,却也害怕直面婚姻。与此同时,很多父母和大人们从不主动和孩子们认真谈论婚姻问题,又或者故意避而不谈,从而导致学生们对"婚姻"感到强烈好奇。

那么,结婚的两个人会因什么而结合在一起呢?又是什么支撑着这种关系呢？之所以这样问，是因为我相信"结婚"（与"恋爱"不同）不是一时兴起的事，它意味着要与许多陌生人组建成一个大家庭，并长期延续这种人际关系。所以，仅仅靠"爱"是无法维系这种关系的，还需要其他纽带。

### 金钱纽带

"金钱"这个词听起来有点刺耳，那也可以称之为经济纽带。在日本社会，过去的女性没有条件自己养活自己。事实上，即使是现在，这种境况也没有改善很多。在过去，女性如果不结婚，就无法生存下来。要知道，日语中"出嫁"这个词的词源，还有另外一层意思——"解决、处理"。在那个年代，女性要依靠男性来保障生活，所以要为男性生儿育女，并给予男性包括性在内的生活服务——这种双方之间不成文的约定就是当时婚姻的真实面貌。

现在，这种关系正在瓦解，或说已经崩溃。这是自然而必要的历史进程，没有一方（尤其是女性）会认为依附于金钱的关系是好的关系，所以这种"纽带"正在逐渐淡化，而且会在未来逐渐失去其意义。

**法律纽带**

如果说金钱是婚姻的第一支柱，那么法律就是婚姻的第二支柱。毕竟，就算是因为爱和信任而结合在一起的两个人，在各种日常琐碎和频发的状况中，也会产生摩擦，也会有所动摇。为了避免婚姻关系破裂，在办理离婚手续的过程中会有冷静期，或者让第三方加入调节双方关系，也就是说，法律使得婚姻不再是个人事件，而是一种社会活动。否则，若其中一方因不想维系婚姻关系直接离家出走，那么整个家庭就有可能因失去经济或是日常生活方面的支撑，从而出现家庭危机。如果还有孩子，那情况就会更糟糕。可以说，法律如同安全阀一般，它会避免家庭关系的突然崩塌。而另一方面，法律也束缚甚至阻碍了双方关系的发展，即如果两个人之间已经没有爱与信任，而受到法律束缚，未经双方同意，两个人也难以解除婚姻关系，这就会阻碍双方开展新的生活。出于这个原因，如今越来越多的人选择"事实婚姻"，虽然这种婚姻关系不受法律保护和制约，但在两人的共同努力和合作下，仍然可以长期维持着这种关系。在欧洲的一些国家，事实婚姻同法律婚姻一样普遍，有些情侣由于宗教信仰的不同，不能进行法律婚姻，社会也会承认他们事实婚姻的关系。而且他们也能够不以家庭为单位，而以个人为单位进行生活纳税和保险缴纳等活动。在日本，想要达到和欧洲这些国家一样还是很困难的，但人们在思想上逐渐接受了这种变化，这对以后的婚姻形式也会产生一定的影响。

### 子女纽带

结婚，怀孕，成为父母，生养五六个孩子，把孩子养大成人（或者还没等孩子长大）时走到人生尽头，这曾是大多数日本人的生命历程。不过，最近十几年来（或许从更早的时候就开始了），这种情况有了明显的变化。随着日本的少子化、老龄化程度愈发严重，国民平均寿命逐渐延长，人口出生率却不断下降。这意味着在父母的人生旅途中，孩子将会离开原生家庭、组建新的家庭，而父母们往往意识不到这个残酷的事实。因为在父母的意识里，孩子就是第一，他们会认为自己的生存价值都在于"为了孩子"。

"首先是孩子的父亲、母亲，然后才是夫妻"，这种身份意识不仅会模糊夫妻关系的本质，对孩子而言也是一种负担。因为父母如果对孩子的期望值过高，在某些情况下可能会束缚和制约（本属于）孩子的自由人生。

我们常说要让孩子自立，就是说要让孩子具备即使不借助家庭的力量也能独自生活下去的能力，也就意味着孩子们需要独自克服现实生活中社会、经济上的各种困难。一个孩子能够脱离父母独立生活的同时，也就意味着父母教育得比较成功。从这个意义上来说，"育儿的终点是分离"才是自然且健康的亲子关系。但是，当父母在照顾子女并获得成就感时，如果以"为孩子着想"的名义（或许真的是这样想）继续干涉和支配孩子的生活，而子女们也无法抵抗父母只能默默接受的话，久而久之，子女就会形成依赖父母力量来回避困难的习惯。长此以往，孩子的房间又变成了中年孩子的房间，父亲继续扮演着赞助人，母亲则继续扮演着女仆的角色，他们一边发牢骚一边高兴服务着"孩子们"。最终，孩子远离父母寻找伴侣的意愿和欲望就会被慢慢磨灭。

与伴侣的性行为本来就是一种具有"与父母诀别"意义的仪式。当今的年轻人远离恋爱、回避性爱，是否有必要从依赖父母的"病态关系"的角度重新审视一下呢？

在这种病态关系的背后，横亘着日本家庭和夫妻从未经历过（甚至没意识到）的巨大问题，即夫妻之间的羁绊薄弱，或夫妻在相处中毫无乐趣可言，对家庭的未来感到无望。总之，如今的家庭中，靠子女维系关系已经变得不那么可靠和有效了。

## 婚姻的纽带、夫妻间的羁绊是什么？

### 情感纽带——精神共同体

过去维系婚姻的三大纽带（金钱、法律、子女）都在逐渐失效，但这三者又都是客观存在的、看得见摸得着的东西，即便这样都变得不可靠了。那么，婚姻关系在今后究竟应该依靠什么来维系呢？"爱情"吗？但"爱情"又是虚无缥缈的东西。

让我们试着仔细研究一下"爱情"这回事。我们暂且从"情感纽带"和"性纽带"这两个角度来思考。

首先，所谓"情感纽带"，就是成为精神上的共同体，两人心意相通。你在意我的烦恼和不安，关注我生活的喜悦和悲伤，与我共情，使我感到安心。同时，我了解你生活中的痛苦，也知道你生活的目标。虽然彼此共情不会使烦恼和痛苦消失，但能够相互倾诉、互相聆听是极为珍贵的体验。如果能拥有这样的关系，这才叫真正的伴侣。

## 性纽带——给予和分享"快感"的乐趣

除了情感纽带，还有一个重要纽带就是"性纽带"。也就是说，性生活方面是否和谐，关系到婚姻关系是否牢固。

这对于夫妻来说，是最基本、最根本的问题，但几乎没有人认真讨论过。目前来讲，我觉得人们大体上是按照以下这种方式来处理的。例如，性冷淡的夫妻，只关心他们性生活的频次多少，但不会深入讨论"为什么会这样"或"其中存在什么问题"，只是关注性爱技巧和怎样才能摆脱此困境。其实，我们最需要明确的重点是，夫妻是因"性"而结成的关系；既不是朋友，不是单纯的恋人，也不是同事、伙伴或战友，夫妻之间独特的关系是通过性而建立起来的。因此，要想让彼此都感到积极愉快，就必须有这样的意识并为之努力。

但是，在日本（或许不只是在日本），关于性的思考和研究会被人当作下流的事情，这种社会风气和价值观根深蒂固，人们很少正视"性"这件事。人们习惯把性看作人格之外的、下半身的问题,而不是普通的、严肃的人应该谈论或学习的东西。实际上,我们的生活又常常被这些问题扯后腿……

就生命本身的价值而言,性是重要且有意义的事,因为它可以创造新的生命,也可以通过给予对方单纯的"性快感"来获得生活的乐趣。因此,我对学生们说:"若还是轻视、贬低、嘲笑性这件事,那就说明还没到结婚的时候。"对身体、性、性器官、性的行为给予肯定,并互相自我表达,这些都是结婚的前提条件,或者说是最关键的问题之一。

## 坚定而灵活的策略

情感纽带和性纽带二者并非独立存在,而是紧密相连且在婚姻中不可分割的两方。情感纽带是缔结性纽带最重要的一环;反之,在性方面彼此都获得"快感",感受到情感的牵绊,那么情感纽带也会更加紧密可靠。

由此可见,深受性冷淡困扰的夫妻,如果只从性技巧方面寻求改善和解决方法的话是没什么用的(当然也是有意义的),更重要的是你们是否对对方的生活感兴趣,是否向对方传达了自己的感受，以及是否有机会进行沟通（例如，创造一个你们两个人可以一起放松的时段和环境）。

随着年龄和健康状况的变化，性欲和性冲动也会随之发生变化，这是理所当然的事情。正因如此，与对方沟通交流，找到一个使双方都感到舒适的方式尤为重要。这也是一个相互学习和成长的过程。其实，与前三个纽带（金钱、法律、子女）相比，情感纽带和性纽带更加虚无缥缈、难以捉摸，它们既不客观存在，也无法单凭一方的努力就建立起来，如果没有双方的努力和坚持，很容易就会断裂。因此，维系这两种纽带，需要夫妻双方坚定的信念和灵活的应变能力，两个人要坚忍不拔，不被困难所击退，深深地信任对方；还要善于应对一些变化，随之改变自身的想法，来适应对方。

请各位试着给自己设定一个这样的挑战。通过自己的努力，你将会变得更有魅力，更富有内涵。

## "共生是不同文化的相遇与融合"

以下是一些大学生听完婚姻相关课程后的思考：

———

结婚和共生的话题，给我留下了深刻的印象。不能做到接受对方的文化和观念的人不应该考虑结婚或同居，这个观点对我触动极大。另外，只有拥有了一个人生活的能力，才能在不过度依赖他人的情况下结婚，这一点我也非常赞同。虽然现在的我对结婚还没有什么概念，但是我想，如果能找到一个伴侣，和他一起成为精神共同体并找到性的意义和价值，我会愿意结婚并和他作为夫妇幸福地生活在一起。

———

当我最近回家参加自己的成年仪式时，我发现一个朋友已经结婚，并且已经成为一名父亲。他也已经步入工作岗位，给人一种非常强大的感觉。他看起来真的很幸福，在我眼里他很成熟，我想结婚真的能改变一个人。不过，听了老师的课，我想也许恰恰相反，也可能是他具备了协调好与妻子、父母的关系的能力，才能走到结婚这一步。

———

我以前从未把婚姻和共生结合在一起去思考，在听了老师的课后，我也能结合自身实际进行反思了。大学生时期，不少同学已经开始同居，也会考虑结婚。但另一方面，也有人会自我封闭，害怕与他人建立关系。我也不知道自己将来会怎样，但我希望自己能够和一个互相尊重的伙伴一起生活下去。经过这堂课，我深刻地思考了以前没有认真思考过的性相关问题，我觉得非常有意义。

———

我目前不想结婚，也认为现在的我不适合结婚。我非常珍惜独处时间，不希望被任何人打扰，无论对方和我有多么亲密。婚姻是与伴侣共同努力的结果，考虑和关心对方是理所当然的，但我总是很自私地把自己放在首位。还有，我不觉得孩子很可爱，也不愿意生儿育女。当然，我也知道我才不过20岁，在生活的很多方面都还不成熟，所以随着年龄增长，或许我也会有结婚的打算吧。

———

"共生是不同文化的相遇与融合"这句话让我印象深刻。在婚姻中，若我们和另一半的成长环境不同，价值观也不同，就会产生文化差异。如果想到要克服差异幸福生活在一起，那么最重要的就是要走近对方，努力了解对方。而且，我认为"情感纽带"和"性纽带"在其中起到了非常重要的支撑作用。另外，我觉得"文化交流"这个视角特别棒，希望自己无论是在男女关系中，还是日常生活中，都能从这个视角出发去看待和解决问题。

———

直到现在，我对婚姻仍抱有很传统的看法，诸如它是通过金钱纽带、法律纽带、子女纽带等维系的。但听完这堂课，我意识到婚姻越来越多地依靠情感纽带、性纽带。随着经济的高速发展，一个人也能很好地生活，人们也不再忍耐不如意的婚姻，这些都使得离婚率逐渐升高。高离婚率的成因和"共生是不同文化的相遇与融合"这些观点，令我受益匪浅。

———

今天的课程，改变了我的婚姻观和爱情观。老师的一席话，让我想到自己以前的幼稚想法。我曾经认为，无论是在恋爱还是结婚中，如果双方的关系出现问题，就应该直接分手，然后进入下一段感情。现在我意识到，恋爱经验的积累，不在于交往过的人数多寡，而在于交往中是否曾努力与对方建立起精神纽带。

———

"共生是不同文化的相遇和融合"这一观点非常启发我。这么长时间以来,这是我第一次因大学课堂上的内容而发笑,心情也变得轻松了不少。我在想,过去的我,真的认真思考过为什么要结婚吗?结婚的意义在哪里呢?但是听了今天的课,我发现和真正爱的人在一起才是有趣的人生,为对方着想,(允许的情况下)为了对方而打破自己的价值观,等等,这些都是很有趣的体验。我想这或许就是婚姻的意义。

———

我现在可以说完全没有结婚的欲望,反而憧憬着独居生活。当然,即使独居也能有婚姻关系,但对于有人进入自己的空间,我还是会感到厌恶和烦躁。可能是因为我还年轻,或是没有经历过让人想结婚的恋爱,所以我并不能容忍"共生"这件事。共生并不是妥协,而是寻找另一条出路,只是也许我目前不愿在这方面花费时间,也不愿努力磨合。为对方着想,摸索共生的办法,这确实很辛苦,但也只有人类才能做到,这也正是人类的伟大之处。虽然我还不考虑结婚,但听了这堂课后收获很多,我很高兴。

---

和与我有不同感触、不同想法、不同生活背景的人一起生活,这该有多么困难啊。我对此完全没有自信。可能是因为我父母在相处中很少有开心的时候,所以我对让家庭美满、孩子幸福这些事完全没有自信。

---

老师的婚姻故事相当有趣,我也好想恋爱和结婚。我认为,对于婚姻的看法不同,处理夫妻关系的方式也会不同。我父母每天早上上班离家时,都会互相亲吻并嘱咐"路上小心",母亲会一直挥手,直到父亲开着车离开视线。在我看来,最理想的婚姻状态就是像我父母那样。

---

现在,晚婚越来越普遍。前几天我去参加同学聚会的时候,见到好久不见的老朋友,听说他已经结婚生子,让我有种说不出的心情。还有一个朋友上个月结婚了,孩子也马上就要出生了,这让我更频繁地思考关于结婚这件事。我和女朋友在一起已经快2年了,当然也讨论过结婚的事情。但我不知道对我来说结婚意味着什么。虽然我们现在的生活和同居差

不多,爱情的感觉也还未消减,彼此也有认真对待我们之间的关系,但若是结婚了,现在的状态会改变吗?我们的关系又会变成什么样呢?我到现在都一直没有找到答案。在我自立之前,我并不想结婚生子,但若是有一天我结婚了,我又是为了什么呢?或许结婚本来就不是为了得到什么吧……虽然对婚姻还没有明确的规划,但通过这堂课,我也有一些收获。那就是要认真对待各种各样的爱并对它负责。今后我也会积极思考这件事,也要积极解决性、人际关系等各种各样的问题。

---

随着时代的发展,人们对于婚姻的观念也在改变。我父亲想法很老派,他只会抱怨,让我母亲独自承担一日三餐和其他日常家务。我不想和这样的男人结婚。我虽然向往婚姻,但是讨厌那些只会干涉他人、以自我为中心的男性。正如老师所说,"共生是不同文化的相遇和融合",两个不同的个体自然会产生不同的想法,而灵活处理和应对问题才是共度漫漫人生的关键。对于孩子而言,父母关系融洽是很幸福的一件事。无论是男性还是女性,若都能改变旧式观念,能够做到"共生",那就太好了。同时,这样也能给孩子带来积极正面的影响。

这堂关于婚姻的课改变了我的婚姻观念。拥有能够独自生活的力量，在任何时候都能陪伴对方并为对方着想，这两点是通向婚姻和共生的必经之路。另外，"共生是不同文化的相遇与融合"极为恰当地揭示了共生的美好与困难。在恋爱阶段，恋人会因为两个人的相似性而互相吸引，但一旦步入结婚阶段，认识到两人之间的差异则更为重要。如果没有这样的决心，在我看来就还不应该结婚。

## 在摸索中迈向幸福

最近，妈妈总是问我："你还没有男朋友吗？"虽然妈妈希望我早点结婚，但我觉得自己才21岁，还很年轻，没有必要这么早就考虑结婚的事情。但是我的确很早就开始憧憬事实婚姻那样的生活方式了，我想要一个伴侣却不想结婚。虽然有点寂寞，但我喜欢这样的自由生活。而且，我也不确定自己能不能成为一位合格的家长。事实婚姻的生活方式或许会得到周围人的认可，但难以得到父母的认可和支持。听了今天的课，我决定从更深的角度重新思考这个问题。

---

"共生是不同文化的相遇与融合"这句话令人深信不疑。我也将牢记"坚定"和"灵活"这两个词。有时，自己也会怀疑自己的价值观和她的不一样，但还是愿意接受对方的文化和价值观。老师形容自己是婚姻型的，我也是这样的。我的父母彼此间关系并不融洽，我想引以为戒，创造一个幸福家庭。

---

听完今天的课，我觉得我对婚姻的看法有了很大的改变。放在以前，我可能不会有这么深的感触，但现在结婚已经变成近在咫尺的事情了。说到结婚，孩子就是不可跳过的话题，所以我常将孩子和家庭作为婚姻生活的主体。但是，当我听到夫妻关系是婚姻的基础时，我恍然大悟。毕竟家庭的核心是夫妻，最后剩下的也是夫妻，所以就算在结婚后也有必要保持良好的夫妻关系。婚后会与恋爱时期有所不同，但我认为最重要的是一起建立良好的关系，这不仅仅是为了维持它，更是为了让它越来越好。

过去的婚姻观念已经不适应现代社会了,如今婚姻中尤其重要的是情感纽带和性纽带。互相体谅、互相理解是重中之重,即使遇到价值观不同的人也要试着磨合看看。我感觉自己很适合结婚。我能够一边灵活地思考,一边配合对方的步调,共同努力;我也愿意听对方倾诉,也有自信和对方长期交往。我越来越渴望结婚了。通过老师的课,我对真实而丰富的性关系有了更深刻的理解和认识,对性行为的思考角度也有所改变。没有比这更有意义的事了……非常感谢。

以上就是我想分享的学生们的课后感想。大家可以想象一下,一群朝气蓬勃的大学生、青年们严肃、认真地面对生活、爱情、人际关系等问题时的样子。真的很让人感动。他们都认为,有机会正面思考这些问题是极有意义的。

在整个讲课过程中,我一直试图表达我自己的想法和观点,无论是引起共鸣还是遭到质疑,我都在努力表达自己的观点。接受它,或舍弃它,这都由你选择。我衷心希望大家能在不断试错的过程中走上幸福的人生之路。

# 后记

关于学生们反复提及的"共生是不同文化的相遇和融合",我想结合亲身经历来谈谈这句话。

我是日本爱知县名古屋市人,是喝着红味噌汤长大的。而我的妻子是日本静冈县富士宫市人,从小喝的是白味噌汤。我们在结婚之前都毫不知情,也从未谈论过味噌汤的事情。

蜜月回来后的第二天早晨,看到妻子为我做的味噌汤,我震惊了——居然是用白味噌做的味噌汤——太出乎我的意料了。我记得我们夫妇最初的争吵,就是源于这个味噌汤。我抱怨,妻子生气,我出去给自己买了红味噌,后来我们的冰箱里塞满了红白两种味噌汤。再后来,妻子开始吃面包喝咖啡,而我依旧是吃米饭和喝味噌汤……突然有一天我在想,我们不应该只吃我们想吃的东西,所以我决定尝试白味噌汤,而不是一味地讨厌它。于是我开始尝试一些新的制作方法,例如使用肉汤调节味噌汤的浓稠度以及加入配料……慢慢地,我开始觉得它的味道好像还不错,虽然还是不能与红味噌汤相提并论,但随着我逐渐欣赏白味噌、红味噌、混合味噌等各种不同风格的美味,我逐渐意识到"这才是弘扬味噌汤文化的做法啊"。

就像我从小就有自己的饮食习惯一样,妻子的成长经历也造就了她的饮食偏好。这就是"文化"。不同的文化,通过婚姻相遇了。此时,如果其中一种文化被压制或被否定,用极端的话说,可能意味着这个人的存在本身也被否定了。这是一件让人感到气愤和沮丧的事情。

其实,这不仅仅是味噌汤的问题,也不仅仅是食物本身的问题,而是探讨"共生"本质的问题。我就是这样渡过了味噌汤的难关。

我因工作关系曾与日本画家宫迫千鹤(现已过世)有过

## 后记

一次交流，我想在这里介绍一下她的著作《仙人掌家族论》（河出书房新社）中的一节：

只有基于"复合文化"的"爱"和"性"才能救赎我们。这并不是夸张的说法。当一个男人和一个女人相遇时，他们总会带着不同的背景（文化）……所谓"复合文化"就是与异质性（他者）"共存"。这当然不是为了"对立"，而是为了"更进一步的融合"。话虽如此，如果我们只是沉默地相互凝视，也就不会有"融合"。我们需要谈论彼此的不同之处，或培养对差异抱有温柔且敏锐的感知力。当然，我们也有必要谈论性，通过温柔且敏锐的感知力来寻求快乐。

"不同文化的相遇与融合"，这对于渡过了味噌汤难关的我来说是刻骨铭心的感受。我也非常高兴，许多学生对这些话给予了正向的反馈。此外，"性解放"是为了达到这种"融合"并让自己从禁忌中解放出来而被提出来的一个概念。它不是为了让我们把"快乐"从"恋爱"中独立出来。

我认为这一点也值得铭记在心。

回想起来,我与大学生谈论性的那几年,对我来说是非常新鲜的体验。通过这些年的努力,我确信自己打动了一部分人,引起了一部分人的共鸣,这是一种莫大的荣幸。本书是《爱人与明天》(十月舍2006年版)的最新修订版。编辑们理解我的热切,即"我想把学生们关于性的真切声音和内心纠葛传达给大家"。在本修订版出版前的十几年时间里,人类性行为的性质和我们思考问题的方式已经发生了巨大的变化。这也是我对前一本书进行修改,并增加新内容的原因。

现在,经常有人问我"大学生需要性教育吗""如何对大学生进行性教育"等诸如此类的问题。这本书正是对这些问题的回答,但关于性的学习并非到此为止。在我的课堂中,我使用了自己准备的《性学笔记》(十月舍2004年版)这本教材。该书的内容涵盖了本书所涉及的问题,并延伸至整个性学领域。之后,我还有幸与其他优秀的学者一起出版了《人类性学修订版》(儿童未来社2020年版)。对于每位向大学生普及性知识感兴趣的人而言,这些书都是非常值得推荐的读物。

本书以与大学生的交流内容为核心,介绍了"性科学",但其内容值得包括高中生父母在内的每一位成年人一读。我真诚地希望,"性科学"在世界范围内不断地普及;我也衷心期待人们能够接受并接纳它,意识到它是开拓幸福生活和美好未来所不可缺少的东西。

最后,在此向为本书出版做出巨大贡献的编辑们表示深深的感谢,感谢你们给了我这样的机会。真诚致谢。